Lao=Tse: TAO=TEH=KING

Lao-Tse

# TAO-TEH-KING

## WEG-WEISUNG ZUR WIRKLICHKEIT

DREI EICHEN VERLAG
ENGELBERG/SCHWEIZ + MÜNCHEN

HERAUSGEGEBEN UND ERLÄUTERT VON K. O. SCHMIDT

ISBN 3-7699-0315-3
Verlagsnummer 315

Gesamtherstellung: Isar-Post, Landshut.

# INHALT

# DIE LEBENSLEHRE

# LAO TSE'S

Li=Örl Lao=Tse

*) Lao oder Lau = alt, Tse oder Dsi = Weiser, Meister, also: ‚Der alte Weise'. Nach seinem Tode wurde er *Lao-Dan* (ehrwürdiger Weisheitslehrer) genannt. Der Name *Lao-Tse* gebührt Li-Örl so wie Jesus der Beiname ‚Christus' (der Gesalbte) oder Gautama der Beiname ‚Buddha' (der Erleuchtete, der Vollendete).

# DIE LEBENSLEHRE LAO=TSE'S

## I.

Vor zweieinhalb Jahrtausenden, zur gleichen Zeit, als Gautama Buddha und Jain Mahâvîra in Indien ihre Frohbotschaft von der Leidenthaftung verkündeten, Zarathustra dem iranischen Volke seine Lichtbotschaft enthüllte und Pythagoras in Griechenland den Innenweg zum Göttlichen offenbarte, lebte *Li=Örl Lao=Tse* in China seine Lehre vom Tao.

*Li=Örl* wurde im dritten Jahre der Regierung des Kaisers Ting=Wang – 604 vor Chr. – als Sohn des Bauern Li in K'hü=jen in der Provinz Honan geboren. Sein Vorname Ör oder Örl (Ohr) wurde ihm als Sinnbild weisen Lebensgehorsams gegeben. Nach den spärlichen Berichten über sein Leben, die wir dem chinesischen Geschichtsschreiber Si=Ma=Tsien (163–85 vor Chr.) verdanken, führte ihn sein Schicksal früh in die alte Kaiserstadt *Lo=Yang* im Gebiet des Hoang=ho oder Gelben Flusses, die nicht nur das Zentrum der chinesischen Reichsgründung, sondern schon seit der *Shang*=Dynastie (1450–1050 v. Chr.) und auch während der Regierungszeit der *Tshu* (1050–300 v. Chr.) den geistigen Mittelpunkt Chinas bildete.

Li=Örl gelangte hier früh zu Ansehen, und schließlich trug ihm sein Vertrautsein mit den Lehrern der Frühzeit und ihren Werken das Amt des ‚Geschichtsschreibers der Archive der Tshu', später das des Reichsarchivars und Staatsbibliothekars sowie den ehrenden Beinamen *‚Lao=Tse'* *) ein. Mit Recht, denn er verstand es, während seines jahrzehntelangen Wirkens in der Residenzstadt wie ein Weiser zu leben, streitlos und unerkannt. Sein Streben galt nicht dem äußeren, sondern dem inneren Leben. Nur wenige wußten, daß seine äußere Einsamkeit und bescheidene Zurückgezogenheit Berger und Verberger seiner inneren All=Gemeinsamkeit war, seines Erwachtseins zum Tao, das ihn zum Range eines erleuchteten Menschheitslehrers erhob.

Solange Lao=Tse in Lo=Yang wirkte, schrieb er nichts, was über den Rahmen seiner beruflichen Tätigkeit hinausging. Nur wenige Schüler, die er selbst auswählte und die gleich ihm zu schweigen wußten, leitete er auf den Weg nach innen. Wir wür=den von seinem Wirken nichts wissen, erwiese ihn nicht sein *Tao=Teh=King* als Mystiker, in dem irgendwann in der Mitte seines Lebens das *innere Licht* all=erhellend aufstrahlte:

Wie unterm Bodhi=Baum dem Königssohn Gautama die Er=leuchtung zuteil ward, die ihn zum *Buddha*, zum Erwachten werden ließ, wie ein halbes Jahrtausend später Jesus nach der Taufe aus dem Wasser stieg und im Erleben des Kosmischen Bewußtseins zum *Christus* wurde, und wie in vielen Weisen und Vollendeten vom Urbeginn aller Zeiten an gleichermaßen das innere Licht aufflammte, so erschloß sich auch Li=Örl in der Sternstunde seines Lebens der All=Eine, bis er in der Seligkeit des Selbst=Erwachens *Lao=Tse* wurde, der sich selber Weg und Ziel ward. Tao, Nirwâna, das Reich Gottes — alles ward ihm zu einem, zum Einen . . .

. . . Urgewaltig brach eines Abends, als die Sonne sich über seinen Meditationen dem Horizont zuneigte, der schlummernde Lichtfunke aus dem Seelengrund hervor. Die *innere Sonne* stieg all=erleuchtend auf. Beseligt umspannte die Lichtglut seines Geistes das weite von flammenden Sternen durchsäte Univer=sum; liebend umfaßte der Geist Lao=Tse's das All bis in seine fernsten unauslotbaren Tiefen . . .

. . . Und wie das Außen=All, so erfüllte die Glut seiner Liebe auch das Innen=All: er fühlte das Göttliche in jedem seiner Menschenbrüder in sich schwingen als sein eigen Inner=Gött=liches; er wußte um sein Einssein mit dem Leben in allen Wesen auf allen Welten . . .

. . . Wohin er schaute, sah er sich selbst: *er* in allen und zu=gleich über allem. *Er* im letzten Wurm auf einem lichtlosen Planeten in einem Nebenarm der Galaxis, *er* in jedem der gott=gleichen Wesen einer fernen Zentralsonne. *Eins* war er mit al=len und allem, war *all=eins*. Denn in ihm war *TAO* erwacht, der all=gemeinsame EINE.

Im Überschwang der Seins=Bewußtseins=Seligkeit sandte er seinen Dank nach innen:

*„Wahrlich, wir sind eins! Teil ward Ganzes. Leere ward Fülle. Den Wunschbefreiten erfüllt L e b e n. Geeint bin ich dem überseienden Nicht=Sein. Ich bin erwacht!“*

. . . Und während hinter dem Walde längst der rote Glutball der Sonne versunken war, breiteten sich im Lichte der inneren Sonne die Bilder unzähliger Leben, die er, in Suche des Ewigen, verbracht. Und von überall her leuchtete ihm sein Selbst ent= gegen — — nicht nur in den eigenen, in *allen* Daseinsformen. In allen Wesen sah er sich selbst — nun ein Entwordener und Be= freiter:

*„Nicht umsonst war dieses Dasein. Ich habe zum Leben heim= gefunden — zum TAO! Wahrlich: wer im Lichte steht, sieht alles erleuchtet. Wer zum Tao erwacht, hat das Leben!“* —

Von da an ist Lao=Tse innerlich ein anderer. Nach außen hin aber blieb er, was er war: der weise Verwalter der Überliefe= rungen seines Volkes, der beste Kenner der charakter= und ge= schichtsbildenden Kräfte, dessen Rat auch der Kaiser schätzte und dessen Ruf sich über das ganze Reich verbreitete.

Er kannte die Macht und ihre Gefahren, sah die Keime des Verfalls in einem Staate, der aus einem Mittel zur Wohlfahrt der Bürger zum Selbstzweck wurde, und vermochte es, selbst dem Kaiser die Disharmonie zwischen dem Verhalten der herr= schenden Schichten und dem kosmischen Lebensganzen als Ur= sache des kulturellen und politischen Niedergangs bewußt zu machen. Den Widerstand der von seiner Kritik Getroffenen be= nutzte er im sechsten Jahrzehnt seines Lebens als willkomme= nen Anlaß, seine Ämter in die Hände des Kaisers zurückzule= gen, sich während der beiden nächsten Jahrzehnte einem Leben beschaulich=gelassener Meditation zu widmen und, wie es die Darstellung des Weisen auf einer im Besitz des Britischen Mu= seums befindlichen chinesischen Malerei treffend versinnbild= licht, im zerbrechlichen Boot des Körpers weiter in lächelnder Lebensüberlegenheit über die Wogen des Daseinsmeeres dahin= zugleiten . . .

Lao=Tse war weder Philosoph noch Metaphysiker, weder theologischer Dogmatiker noch Religionsstifter, sondern ein *Mystiker und Lebenslehrer* — ein Führer zur Vermenschlichung und Vollendung des Menschen.

Unter den führenden Sinologen zählt ihn Richard *Wilhelm* (1873—1930) zu den „großen Mystikern der Menschheit, die Fingerzeige zu unmittelbarem Erleben einer höheren Ebene der Wirklichkeit geben als die, auf der die Menschen sich mit ihrem Denken in der Regel bewegen".

Als Mystiker war Lao=Tse zugleich ein Lebensweiser und ‚Lebemeister' im Sinne des ihm geistverwandten größten abendländischen Weisheitslehrers *Eckehart.*

Das erwies sich bei der geschichtlichen Begegnung des größten chinesischen Philosophen und Morallehrers, *Kung=Tse* (Konfuzius), mit Lao=Tse, die der Überlieferung nach um 517 vor Chr. stattfand, als der Letztere in seinem 87. Lebensjahr stand, Kung=Tse im sechsten Jahrzehnt seines Daseins:

Kung=Tse hatte den Weisen aufgesucht, um sich von ihm über gewisse Morallehren der alten Philosophen unterrichten zu lassen und ihm seine eigenen Ansichten zu unterbreiten. Bekannt ist die Antwort, die Lao=Tse ihm gab:

*„Die Philosophen, von denen Du sprichst, sind längst verwest, wenn auch ihre Lehren als Ausdruck ihrer Zeit uns geblieben sind. Was zu wissen ist, ist zeitlos. Wenn die Verantwortlichen ihrer Zeit gerecht werden, sind sie Führer und ein Segen für ihr Volk; wenn nicht, bleiben sie Getriebene, die Fortschritt und Vollendung der Menschen aufhalten.*

*Vergeblich jeder Versuch, Menschen und Völker durch äußere Reformen zu ändern. Zähme darum Deine Eitelkeit, laß fahren Dein fahrlässig Wissen! Laß ab vom Trug der schönen Programme, die dem Volke nicht helfen! Das Volk erneuert sich aus sich selbst, wenn es frei sich selbst regiert. Der Mensch veredelt sich selbst durch sein Selbst: durch das ihm innewohnende Streben nach Selbstverwirklichung. Alles übrige ist eitel und unnütz."*

Kung=Tse, der den alten Weisen so aufgewühlt verließ, daß er drei Tage lang kein Wort sprach, berichtete später seinen

Schülern von dieser Begegnung: „Der Vogel fliegt, der Fisch schwimmt, das Tier läuft – jedes auf seine Weise. Nun aber gibt es *Drachen*, von denen niemand weiß, wie sie zum Himmel aufsteigen. Als ich mit Lao=Tse sprach, erkannte ich in ihm einen Drachen, der sich zu den höchsten Himmeln der Weisheit erhebt."

Was Lao=Tse, der Mystiker und ‚Drache' – in der chinesi=schen Mythologie ist der Drache das Symbol göttlicher Weis=heit –, dem Philosophen bedeutete, ist dies:

*„Dein Weg ist der Weg der Menschen; mein Weg ist der des Himmels. Ihn gehen heißt zum Frieden finden und zur Voll=endung.*

*Dein Weg entspringt der Zeitlichkeit und endet in ihr. Mein Weg führt vom Zeitlosen zum Ewigen: zur Erfüllung des Sinns des Lebens.*

*Dein Weg ist der Weg der Geschäftigkeit. Mein Weg ist der Weg des Nicht=Tuns, bei dem nichts ungetan bleibt: der Weg der Stille und Ruhe, aus dem das rechte Bewegtsein entspringt."*

Kung=Tse verdankte der Berührung mit Lao=Tse das Wach=werden für das Geheimnis der Stille. Zweifellos datiert von da an die von Tschuang=Tse erwähnte innere Wandlung des Phi=losophen, von der an sich seine Lehren der Weisheit des Lao=Tse merklich näherten, wenn er auch nicht die Vollendung und Erkenntnishöhe des Erleuchteten erreichte.

Denn Kung=Tse blieb, was er war – der aktive Morallehrer, der, an der Oberfläche haftend, das äußere Leben zu erneuern trachtet –, während *Lao=Tse*, der kontemplative Mystiker, in die Tiefe und bis zum Kern vordringt und die Wesen sich von innen her nach ihrem eigenen Gesetz vollenden läßt. Darum weist er die Menschen zum Wesentlichen, das ewig ist, und verhilft ihnen zum einzig möglichen und nützlichen Gewinn in der Zeitlichkeit: zum *Selbst*=Gewinn, mit dem auch das *All=Selbst* gewonnen ist. –

Da der Mystiker zeitlos ist, ist auf die geschichtliche Stellung und Bedeutung Lao=Tse's hier nicht einzugehen. Der Weise lebt in seiner Zeit und Welt; aber er wurzelt nicht in ihr, son=dern im Ewigen. Seine Weisheit leuchtet darum über alle Zeit hinweg als Wegweisung zum Wachwerden für die *Wirklichkeit* und das *Sein* hinter allem Schein und Sinnentrug der Zeitlichkeit.

Es wundert nicht, daß Lao=Tse nur einzelne Schüler und Nachfolger fand, während Kung=Tse dreitausend Schüler zählte. Im Gegensatz zum Philosophen hatte Lao=Tse kein Verlangen, eine Schule zu gründen und seine Erkenntnisse zu verbreiten. Er antwortete nur, wenn er gefragt wurde, und gab denen, die ihn darum baten, von seiner Weisheit; im übrigen aber schwieg er im Blick darauf, daß letztlich jeder *selbst* — vom eigenen Selbst her — zur Wirklichkeit erwachen muß und daß dieses Erwachen nicht von außen her bewirkt oder beschleunigt werden, sondern nur dort gefördert werden kann, wo das Verlangen danach bereits entbrannt ist.

Trotz dieser Zurückhaltung wurde dem Mystiker auch nach seinem Ausscheiden aus dem Staatsdienst die Ruhe und Abgeschiedenheit mißgönnt, weshalb sich Lao=Tse einige Jahre nach dem Gespräch mit Kung=Tse zum Gang in die Heimatlosigkeit entschloß.

Es wird berichtet, daß er den Wanderstab nahm und über die Grenze Honans nach Westen ging.

Beim Überschreiten des Gebirgspasses bat ihn der Kommandant der Grenzfeste, *Jin=Hi*, der zu Lao=Tse's Schülern zählte und seinen Lehrer durch die feierliche Überreichung einer Schale mit Tee begrüßte und ehrte, der Weise möge ihm vor seinem Scheiden eine Darstellung des Weges zur Vollendung überlassen.

Lao=Tse entsprach der Bitte und schrieb in der Einsamkeit der Berge den *Tao=Teh=King* in der ihm eigenen lapidaren Kürze in neun mal neun Sprüchen nieder. Er übergab das Werk dem Freunde als sein Vermächtnis, um danach seine Reise fortzusetzen und der Urheimat näher zu kommen, in die er zwischen dem 90. und 95. Lebensjahr zurückkehrte . . .

„Niemand weiß, wo er geendet", sagt der Geschichtsschreiber. Wir aber wissen mit Tschuang=Tse, daß er das Ziel der Weltenwanderfahrt aller Wesen erreichte:

*„Der Meister kam in diese Welt, als seine Zeit da war. Er ging, als seine Zeit erfüllt war. Über den, der um seine Zeit weiß und der Erfüllung gewiß ist, haben Werden und Vergehen, Freude und Leid keine Macht mehr.*

*Was wir verglimmen und verschwinden sehen, ist das brennende Holz. Das Feuer selbst aber glutet weiter und kennt kein Aufhören."*

## II.

Das ‚Feuer, das weiter glutet und kein Aufhören kennt', lodert heute wie einst: im unvergänglichen *Tao-Teh-King*, dem zeitlosen Vermächtnis des Weisen an die zeitverhaftete Welt, das neben Bibel und Bhagavad Gita, Veden und Upanishaden, Zendavesta und Koran zu den Heiligen Schriften der Menschheit zählt.

Wie von der Bhagavad Gita, so gibt es auch vom Tao-Teh-King zahlreiche Übertragungen in europäische Sprachen. Sinologen haben uns mehr oder minder wörtliche Übersetzungen geschenkt. Dichter, Theologen und Philosophen haben mit ihren oft gegensätzlichen Wiedergaben dargetan, wie mannigfach sich das Wort des Weisen im Bewußtsein der Menschen ihrem seelischen Wachheits- und Reifegrad gemäß spiegelt. Fast scheint es, als wäre der Tao-Teh-King ein Spiegel, in dem jeder Interpret zuerst sich selbst erblickt . . .

Da aber Lao-Tse weder Philosoph noch Theologe, noch Dichter, sondern *Mystiker* ist, dürfte am ehesten ein Mystiker das zeitlos Gültige seiner Kündung in der ursprünglichen Einfachheit und Eindringlichkeit wiederzugeben imstande sein.

Für Philologen und Philosophen bleibt — wie schon Max *Müller* in seiner „Einführung in die Religionswissenschaft" bemerkte, „der Text des Tao-Teh-King ohne Kommentar unverständlich, weshalb Stan. *Julien* mehr als sechzig chinesische Kommentare für seine Übersetzung zu Rate zog, von denen der früheste bis ins Jahr 163 vor Chr. zurückreicht." *Dvorak* fügte hinzu, daß „vielleicht kein einziger Satz von allen Übersetzern gleich verstanden, geschweige denn übersetzt wird".

Das rührt zum kleineren Teil daher, daß die Ideogramme der chinesischen Schrift oft mehrere Bedeutungen haben, zum größeren daher, daß die Übersetzer und Kommentatoren zumeist keine Mystiker waren. *Nur ein Mystiker wird Lao-Tse unmittelbar verstehen und imstande sein, seine Lebenslehre jedermann zugänglich zu machen.*

Victor von *Strauß* war der erste, der (1870) eine vollständige deutsche Übertragung des Tao-Teh-King herausgab und in Lao-Tse den Mystiker erkannte, dessen Denken „vom tiefsten Urgrund alles Seins als dem allein Gewissen und Erfahrbaren" ausging, wenn er auch die Weisheitstiefen des Tao-Teh-King nicht auszuloten, geschweige denn auszuschöpfen vermochte.

Die erste Begegnung mit Lao-Tse verdanke ich der Tao-Teh-King-Übertragung, die Richard *Wilhelm* 1910 in Tsingtau vollendete und ein Jahr später in Jena erscheinen ließ. Sie entzündete in mir die Flamme der Besinnung auf das Wesentliche der Weisheit Lao-Tse's, die seitdem weiter glutete und mich schon in jungen Jahren ahnen ließ, daß man der Geburt und Abstammung nach ein Kind des Nordens und zugleich, nach Herkunft und seelischer Vergangenheit, ein Erbe des Ostens und Geistverwandter Lao-Tse's sein kann, für den die Sprüche des Weisen nichts Dunkles und Geheimnisvoll-Unverständliches enthalten, sondern auf alles, was sie berühren, das helle Licht lebendiger Wahrheitsgewißheit werfen.

Dank gebührt den Sinologen, deren Arbeiten die im folgenden vermittelte Tao-Teh-King-Ausgabe erst möglich machten. Verehrung aber dem Geiste Lao-Tse's, dessen Weisheit meinem Herzen unmittelbar aufging und mir nicht nur das Wesen des Ostens neu erschloß, sondern auch den Weg zum ‚Innersten Osten' wies, in dem die Sonne der Wirklichkeits-Gewißheit allerhellend aufstrahlte und es möglich machte, *Lao-Tse für jedermann verständlich werden zu lassen.*

Überzeugt und gewiß, daß Lao-Tse auch und gerade den Menschen des deutschen Sprachbereichs Größeres und Tieferes zu sagen hat, als bisher bewußt gemacht worden ist, habe ich in der vorliegenden *Verdeutschung* der Sprüche des Tao-Teh-King nur ausgesagt, was der Weise selbst ausgesprochen wissen wollte, und in der erläuternden *Verdeutlichung* der einzelnen Sprüche nur so viel angedeutet, als auch er in den Wort=spielen aufblitzen ließ, um schlummerndes Eigen=Weistum der Seele zu wecken.

Ein Schüler des Weisen wagt es hier, ein Weniges der Weisheit zu vermitteln, für die der Erleuchtete ihm die Augen öffnete. Wer von der Dynamik der Worte Lao=Tse's ergriffen, entflammt und zu sich selbst geleitet wird, danke es dem Leh=rer; das Unzulängliche aber möge man dem Schüler zugute halten. —

Natürlich entfiel in dieser Sicht von vornherein jeder Ver=such, das mit Worten nicht zu Umschreibende durch unzu=reichende Übertragungen wiederzugeben. „*TAO*" wurde auf die verschiedenste Weise übersetzt: als ‚Weg' und ‚Wesen', als ‚Geist' und ‚Weltgesetz', als ‚Sinn' und ‚Logos', als ‚Weltgrund' und ‚Führerin des Alls', als ‚Absolutes Prinzip' und ‚Allbe=weger', als ‚der Erste' und ‚der Eine', als ‚Allvernunft' und ‚Licht des Himmels', als ‚der Unergründliche', der ‚Ursprung' und die ‚letzte Wirklichkeit', als ‚Urlicht' und als ‚Weltengott=heit' — vergleichbar dem Parabrahman der Hindus oder dem Nirwâna Buddhas . . .

. . . Da aber jede Übersetzung dieses Wortes nur *einen Aspekt* des TAO sichtbar macht, nicht Tao selbst lebendig wer=den läßt, wurde das chinesische Zeichen ‚Tao' ebenso wie des=sen Offenbarung, ‚Teh', in seiner Urform belassen.

Denn TAO ist nichts, was man greifen und in Worte kleiden kann. Was man darüber aussagt, ist nicht mehr Tao. Tao kann man nur erleben und sein. Von ihm erfüllt sein heißt: seiner selbst ledig und zu Licht geworden sein.

Wer vom Strom zum Meer der Wirklichkeits=Gewißheit gelangen will, der bedenke, daß der Tao=Teh=King kein Lese=buch ist, sondern ein *Lebensbuch*. Die Weisheit Lao=Tse's wird nur durch Eigentun Eigentum. Und um zum eigenen Tun zu finden, muß man bei der Wahrheitsbesinnung alles andere zum Schweigen bringen, bis das Gemüt leer ist und im Aufgang der Weisheit der Sprüche die Wirklichkeit sich auftut.

Man stelle immer dann, wenn das Verlangen nach innerem Wachwerden und Wachstum drängend wird, einen Spruch des Weisen an den Anfang der Selbst=Besinnung. Mit der Zeit wird der solchermaßen Einwärtsschreitende Reichtümer in sich entdecken, die fruchtbarer und beglückender sind als alle Besitztümer der Welt.

Die Reihenfolge der Sprüche ist dabei unerheblich. Je williger man die Wahl der inneren Führung überläßt, desto sicherer führt jeder Spruch vom neunmal neunfach unterteilten Umkreis zum *Mittelpunkt* der Seins-Erkenntnis, sobald man sich vom Wort des Weisen ansprechen, von seiner Eindringlichkeit nach innen drängen und zum Wesentlichen leiten läßt, ohne dabei etwas hineinzulegen oder herauszulesen, was der Weise weder lehrt noch meint.

Eben darum wird die hier vermittelte *Verdeutschung* der einzelnen Sprüche, soweit erforderlich und förderlich, von einer zur rechten Lebensführung und Selbstvollendung hinweisenden *Verdeutlichung* begleitet, die nur Fährboot zum anderen Ufer rechten Erkennens sein will und fahren gelassen werden kann, sowie die Weisheit des Weisen einem unmittelbar eingeht und aufgeht und durch Eigen-Tun zu unverlierbarem Eigentum ward.

Sowie des Weisen Wort — das nur der begreift, der von ihm ergriffen wird — das schlummernde Weistum des eigenen göttlichen Selbstes weckt, wird die Kündung Lao-Tse's in ihrer ganzen Fülle sicht- und erfahrbar und zur Bestätigung eigenen Gewißseins. Rechtfertigung der hier gegebenen Verdeutschung und Verdeutlichung mag eben diese Tatsache und der Umstand sein, daß sie kein Wort des Weisen unverstanden lassen und zu keinen schwärmerisch-verschwommenen Spekulationen verleiten, sondern mit jedem Satz zur eigenen Wesensmitte führen und zugleich bis zum letzten Paradoxon die Übereinstimmung mit den gleichsinnigen Kündungen der Mystiker aller Zeiten und Völker sichtbar machen.

Damit wird Lao-Tse's *Tao-Teh-King* zu dem, was er sein will: zu einem Lebensführer, der zum Erwachen aus dem Traum des Daseins und zur Meisterung des Lebens von innen her verhilft. Die Entscheidung darüber, *wie weit* er das wird, liegt im Herzen des Lesers.

## III.

Unser Gattungsname ‚Mensch' hat seine sprachlich=wesen=hafte Wurzel im indogermanischen Wort ‚man', das ‚*Denker*' heißt. Doch wie viele *sind* schon Menschen?

Wie aber kann die Not der gegenseitigen Abgrenzung und Entfernung der Menschen untereinander und die Finsternis der Nicht=Erkenntnis überwunden werden, solange die Menschen ungeneigt sind, sich von der Gewißheit ewigen inneren Eins=seins ergreifen zu lassen?

Ist es nicht erschütternd, daß sich unter tausend Menschen kaum einer findet, an dessen Lebenspforten nicht erst Tod und Schrecken klopfen müssen, damit er nach innen sieht und ein=sieht, daß er in jedem Augenblick an der Schwelle der Ewig=keit steht?

Da hocken die Lebensblinden zuhauf und starren in die Runde, daß ihnen ein Licht über den Sinn ihres Lebens aufgehe. Und gewahren nicht, daß die Sonne der Erkenntnis *in ihnen* aufgehen muß, damit ihr Widerschein auf allen Höhen und in allen Tälern ihres Daseins die Finsternis vertreibe!

Da sitzen die Gläubigen und warten, daß Gott ihnen in den seltenen Pausen der Andacht und Besinnung näher rücke. Und gewahren nicht, daß *sie selbst* sich nähern, ihre Selbst= und Gott=Gesondertheit beenden müssen!

Solange sie auf das Kommen und Erscheinen des Ewigen warten, harren sie vergeblich. Sie müssen zu sich kommen und die Einheit von Gottes Sein mit ihrem Sein erkennen, damit ihre Fesseln fallen!

Der Erwachenwollende wartet nicht, daß der Ewige sich ihm offenbare: er knüpft sein Denken und sein Leben an die Ewig=keit und wirkt und lebt, als schreite Gott in jedem Augenblick in jedem Wesen und Geschehen, das ihm begegnet, ihm zur Seite und grüße ihn brüderlich als sein Anderes Ich.

Im lautlosen Schweigen innerer Abgeschiedenheit bejaht und gewahrt er, daß sein Alleinsein All=Einssein ist.

Wer gleich ihm zu dieser All=Einsseins=Seligkeit gelangen möchte, der findet im *Tao=Teh=King* den verläßlichsten Weg=weiser aus der Welt der Erscheinungen in die Wirklichkeit.

Dieser Lebensführer verweist nicht auf Morallehren und fremde Meinungen, sondern weist uns auf uns selbst zurück — zum Weisheitsquell in unseres eigenen Wesens Mitte, dessen Wasser alle Ungewißheit in Wirklichkeits=Gewißheit wandeln und uns die Einheit mit uns selbst, dem Nächsten und dem Ewigen erleben lassen.

Lao=Tse ist ein *Weiser* im Doppelsinn des Wortes: ein zur Weisheit Erwachter und ein zum Wesentlichen Weisender — ein Lebenslehrer. Wer ihn als solchen nimmt und annimmt, versteht ihn recht und findet an seiner Hand zur Selbstverwirklichung.

Eindeutig und doppelsinnig zugleich sind seine Worte:

Dem *noch Unerwachten* zeigen sie nur das äußere Gewand der Wahrheit. — Der *vorm Erwachen Stehende* dringt durch die innere Wand des Wahrheitsgefäßes zum Inhalt vor, der dem *Erwachenden* zum Elixier der Wirklichkeit wird.

Nicht zuletzt die Paradoxa, die Lao=Tse wie alle Mystiker liebt, wollen dem noch Unerwachten helfen, die Bewußtseinsstarre zu lösen, seinen altgewohnten Denkstandort aufzugeben und den Schritt ins Unbetretene, zu neuen Horizonten, zu wagen. Den vorm Erwachen Stehenden reißen sie vollends aus der Schlafumfangenheit und leiten ihn zum Innewerden des ewig strahlenden All=Tags hinter dem dämmerdunklen Alltag. Und den Erwachenden führen sie zur höheren Erkenntnisdimension des Kosmischen Bewußtseins, in dem sein Ich sich zum Selbst, sein Selbst zum All=Selbst weitet.

Die neuen Horizonte des All=Tags, des All=Selbst werden sichtbar, wenn in der Meditation etwa über das Paradoxon Lao=Tse's, daß Geburt ein Ende, Tod ein Anfang ist, oder über Christi Wort „Wer sein Leben hingibt, der wird es finden", jäh und unvermittelt die Wahrheit aufstrahlt und klar wird, daß die Sicht des Weisen nicht Außensicht und Ansicht, sondern Innensicht und Einsicht ist, nicht Ich=Sicht, sondern Allsicht.

Es ist wie bei dem Ausspruch: *„Alles gibt sich":*

Der noch Unerwachte versteht ihn dahin, daß sich letztlich alles regelt und zum Besten wendet, weshalb der Schicksalsgelassene der Überlegene bleibt.

Für den vorm Erwachen Stehenden liegt der Ton auf dem dritten Wort: ihm wird bewußt, daß, je höher hinauf, die Selbsthingabe um so größer wird, daß das ganze Universum eine Opfer=Tat ist und daß, weil alles *sich* gibt, alles zur Voll=endung gelangt.

Dem Erwachenden aber offenbart sich der noch tiefere All=sinn dieses Wortes – und dahinter werden umfassendere kos=mische Wahrheiten sichtbar, die man nicht mehr aussprechen, sondern nur ahnen und leben kann. Ihm wird der Weisheits=Brunnen, aus dem das Wort des Weisen ihn schöpfen läßt, mit jedem Trunk tiefer – – bis ihm aufgeht, daß der Brunnen in die Ewigkeit hinabreicht, deren Grund auch *sein* Wesensgrund ist . . .

Das Hohe Ziel, zu dem Lao=Tse die Suchenden führt, liegt weder über den Wolken noch in einer fernen Zukunft, sondern mitten im Alltag und im Heute. Seine Weisheit führt zu rech=tem Denken, Verhalten und Handeln, in der Folge zur Da=seinsmeisterung durch Schicksalsharmonie und zur Sinner=füllung des Lebens.

Wer an der Hand des Tao=Teh=King den *Weg nach innen* geht, wird mit der Zeit beglückt sein inneres Wachstum, sein Reicher= und Reiferwerden spüren, zunehmend an dem Frie=den und der Fülle der inneren Welten teilhaben und sich von jener *Liebe* geleitet sehen, die ‚siegreich im Angriff und unver=wundbar in der Verteidigung ist'. Noch mitten im Strom des Lebens, spürt er bereits den Salzgeruch des Meeres und weiß sich dem kosmischen Lichtozean der Wirklichkeit nahe . . .

Solange einer an der Oberfläche des Daseins dahinlebt, wird er von jedem Wind hin und her getrieben und irgendeines Stur=mes Beute.

Je *tiefer* aber der Kiel seines Lebensschiffes reicht, desto si=cherer wird seine Fahrt, desto weniger werden Lebensstürme und Schicksalsgewitter, die das Meer des Daseins aufwühlen, ihn erschüttern und sein Ziel verfehlen lassen.

Der lebt aus der Tiefe, der seines Einsseins mit dem Ewigen gewiß ward. Dem, der dessen noch ungewiß ist, mag die *Stille* das Ziel seiner Lebensfahrt und sein immerwährendes Geleitet- und Geborgensein offenbaren.

Noch lebendiger wird ihm dies bewußt, wenn er sich in der Stille vom Wort des Weisen den Zugang zum Leben hinter dem Leben erschließen läßt.

Denn der Weise schaut das Doppelgesicht des Lebens, dessen eines Antlitz dem Vergänglichen zugewandt ist und kündet: „Alles ist eitel", während das andere in die Ewigkeit hinausblickt und verklärt im Widerschein der Wahrheit strahlt: „Alles ist göttlich und darum gut".

Gleichermaßen steht der Weise an der Grenzscheide beider Welten: voller Wunder erscheinen ihm beide – und zugleich voll göttlichen Trostes im Kleinsten wie im Großen, unten wie oben . . .

Ihm ist jeder Tag wie der Vorabend des Todes – schon vom Glanz der Ewigkeit durchschimmert und von der gierlosen Güte des Scheidenden verschönt. Ihm ist es immer höchste Zeit, das Gute, das er gewirkt wünscht, sofort zu tun, die Liebe, die er schenken möchte, augenblicklich zu entfalten.

Sind wir nicht gleich ihm Scheidende? Und ist nicht das, was das Vergehen unserer Körperhülle überdauert, schon *jetzt* in uns lebendig und ein Mahner zum Gutsein?

Haben wir so viel Gutes gewirkt und so viele Seelen aufgerichtet, daß uns das Gutsein zur Selbstverständlichkeit, zum *Selbst-Sein* ward, dann wird unsere Heimkehr ins Reine Land der überseienden Wirklichkeit unbeschwert und glückvoll sein. –

Wohl sind Erkenntnis und Weisheit nicht Sache der Menge. Aber wer möchte bloßes Masse-Teilchen bleiben? Wer möchte nicht den *eigenen Weg* erkennen und zur Selbstverwirklichung gelangen? Wer hier zur Wahrheit finden will, der wende sich nach innen.

Es ist der Weg, den *Lao-Tse* uns weist: der Weg zum Selbst-Erwachen, das zugleich Erkenntnis des Einsseins von Selbst und Allselbst ist.

*Wir sind alle auf diesem Wege.* Doch nur *der* gelangt auf ihm zum Höchsten, der sich selbst zum Wege ward. Ihm offenbart sich Tao als aller Wege Beginn und Beschluß. –

Die Vielen suchen ihr Leben lang und wandern von einem Weisheitslehrer zum nächsten, von einem Glauben zum andern. Die Meisten sterben dahin, ohne gefunden zu haben. Nur jene finden, die das Suchen und Umherirren beenden, sich statt als Sucher Gottes als von Gott Gesuchte erkennen, Ihm stillehalten und im Schweigen und Lassen Selbst= und Gottesfinder werden.

Eben dies lehrt Lao=Tse: nicht, was zu glauben und zu tun, sondern was zu *lassen* und im Nicht=Tun zu *erkennen* ist. ‚Er=kennen' heißt: im Innehalten des Daseins des Gesuchten inne=werden und mit ihm eins werden. So hält der Weise gelassen sein Selbst im unbewegten Allselbst, indes die Speichen seines Lebensrades in Bewegung halten, was nur im Wechsel und Wandel der Vollendung näher rückt . . .

Wenn der Weise das *Nicht=Tun* lehrt, meint er nicht Nichts=tun, sondern Nichttun des Nichtigen, das Wirkenlassen des Notwendigen ist. Er weiß, wie geringes das Leben groß macht und wie wenig wichtig ist.

Ein Seelenkenner unserer Zeit, C. G. *Jung*, berührt dieses Wesentliche, wenn er in seinem Geleitwort zum „Geheimnis der Goldenen Blüte" (München 1929) das Wesen der Mystiker dahin deutet, daß sie, „um den erlösenden Fortschritt herbei=zuführen, eigentlich nichts taten, sondern *geschehen ließen* . . . Das Geschehenlassen, das ‚Tun im Nicht=Tun', das ‚Sich=Lassen' Meister Eckeharts wurde mir zum Schlüssel, mit dem es ge=lingt, die Tore zum Weg zu öffnen: *man muß psychisch ge=schehen lassen können.*"

Durch dieses ‚Geschehen=Lassen', das nach erfolgter Gewöh=nung an Ich=Entspannung und =Lockerung, Stille und Medita=tion immer vollkommener gelingt, wird „eine neue Einstellung geschaffen, die auch das Irrationale und Unbegreifliche an=nimmt, weil es das Geschehende ist."

Zwar fällt dieses innere Offen=Sein, die Tao=Bereitschaft, dem westlichen Menschen, wie Jung darlegt, oft schwer. Aber sie wird leicht, wenn man jenes *Lassen* lernt, das Gelassensein und Gott=Tun=Lassen in einem und gleich weit entfernt ist von Geschäftigkeit und Nichtstun.

Gerade heute ist der Zugang zu diesem Lassen, das zum *Sein* führt, leichter denn je, leben wir Heutigen doch in einer menschheitsgeschichtlichen Wende, im Aufbruch des Kosmischen Zeitalters, in dem immer mehr Menschen schicksalhaft für eine höhere Bewußtseinsdimension reif und offen werden: für jenes *Kosmische Bewußtsein*, zu dem die Mystiker in Ost und West als erste erwachten.

Denen, die Herz und Wesen für den Geist und Rhythmus der neuen Zeit öffnen, kann gerade *Lao=Tse* zum Lebensweiser werden auf ihrem eigenen Wege vom Selbst=Erwachen zur Selbstverwirklichung. Denn Lao=Tse führt zu dem, was uns allen gemeinsam ist: zum *inneren Menschen*.

Äußerlich sind wir in Rasse und Farbe, Sprache und Sitte, Glaube und Reife verschieden. Je tiefer innen aber, desto verwandter und wesensgleicher werden wir. Und im Letzten und Allertiefsten sind wir *eins*. Zu dieser Erkenntnis, die die unzerstörbare Brücke zwischen Ost und West, Nord und Süd und den Schlüssel zur Einung der Menschheit bildet, die die Grenzen der Ichhaftigkeit niederreißt und unser Bewußtsein vom Relativen ins Absolute weitet, leitet uns Lao=Tse.

Wer Leben und Lehre, Wesen und Weisung der Mystiker des Westens wie des Ostens kennt, der versteht, warum ich Lao=Tse den *Eckehart des Ostens* nenne. Unnötig, hier Eckeharts Weg zum Gott=Erleben mit Lao=Tse's Lichtpfad zum Tao zu vergleichen: beide führen über die gleichen Erfahrungsstufen zum gleichen Hochziel der All=Unmittelbarkeit, das alle Mystiker erreichten – von Krishna bis Christus, von Paulus bis zum Maharishi.

Sie alle lehren das absichtslose Handeln, das werk= und weiselose Wirken, das Waltenlassen des Ewigen ist, für den das Ich nur Werkzeug und Wirkzeuge ist. Sie alle sind Brüder, die die Erkenntnis der gemeinsamen Herkunft und des gleichen Vollendungszieles aller Wesen über die Schranken der Zeit und Geburt, der Kultur und Sprache hinweg eint.

Für die Glieder dieser Brüderschaft sind alle Religionen Facetten ein und desselben Diamanten der Wirklichkeit, die den glücklichen Augen, die zu *sehen* lernten, in ihrer allhaften Wahrheit leuchtet. –

Je mehr der Mensch in unserem Zeitalter fortschreitender Technisierung, Robotisierung und Vermassung der Gefahr der Veräußerlichung und Entseelung verfällt, der geistigen Atomisierung, desto notwendiger bedarf er des Ausgleichs durch Sammlung und Verinnerlichung, Selbstbesinnung und Kraftgewinnung von innen her. Bergpredigt, Bhagavad Gita und Tao-Teh-King können ihm hier helfen, zum inneren Halt zu finden, seine Menschlichkeit zu bewahren und seiner selbst wie seines Lebens Meister zu sein.

Es gibt keinen, der ihrer Wegweisung nicht zumindest bis dorthin folgen könnte, wo das innere Licht den trüben Schein der äußeren Lichter überstrahlt und das Erwachen der Seele anhebt. Vielmehr gilt für jeden, was Kung-Tse am Ende seines Lebens als wahr erkannte: „Wenn einer am Morgen zum Tao gefunden hat, kann er am Abend des Tages getrost sterben", weil er noch zu Lebzeiten zum ‚Leben hinter dem Leben', zum *Sein* erwacht ist . . .

Der Weg zum Sein, zum Einssein mit dem Ewigen, führt durch die *Stille*. Der gestillten Seele wird das Geringste noch zur Brücke zum Unendlichen.

Nicht nur die Nichtigkeit alles Erdentrachtens lehrt uns die Stille erkennen, sondern auch die andere Seite dieser Wahrheit: daß selbst im Nichtigsten und Niedrigsten noch das Feuer der Gottheit glutet, daß es nichts gibt, darinnen nicht alle Wonnen der Ewigkeit schlummern. Daß wir sie nicht erkennen und genießen, liegt nicht an den Dingen. *Wir* sind unaufgeschlossen, nicht die Dinge.

Darum sind, nächst der Stille, *Beruf und Alltag* die Stätte, da wir das Ewige in allem Vergänglichen zum Wirken und Leuchten bringen sollen – indem wir das Ewige im Nächstliegenden, den Ewigen im Nächsten wie den Gott in uns lieben und ihm dienen, als dienten wir der eigenen Vollendung.

Das Ewige ist das Unsichtbare. Was wir sehen, ist nur sein vergänglicher Schleier.

Der Ewige ist gestaltlos. Was sich gestaltet, ist nur seiner Schritte flüchtige Spur im Sand der Zeitlichkeit. Nur im Schweigen wird er offenbar, und im Lassen des Vergänglichen wird er tätig. In ihm entwerden heißt über den Kreislauf des Werdens und Sterbens hinausschreiten ins Wandellose.

Die Grenzen aller Dinge sind nur Begrenzung des Bedingten an ihnen wie an uns. Der Ewige in den Dingen wie in uns ist ohne Schranken. Wer einmal von der Wahrheit ergriffen ward, daß er in jedem Augenblick im Ewigen lebt und an jedem Ort von ihm umgeben ist, der weitet sein Sein ins Unendliche und entwächst im gleichen Maße dem leidvollen Trug des Scheinglücks und der Scheinnot . . .

Mit dem Ewigen geeint, berührt er das *Sein* der Dinge und Wesen; und Licht und Schatten des Scheins können ihn nicht mehr erregen.

Mit dem Ewigen geeint, ruht der Weise im Unvergänglichen; und Berührung wie Untergang des dem Entwerden Geweihten lassen ihn gleich unbewegt.

Der Weise wertet nicht, da werten haften heißt. Er steht über Wert und Unwert, seitdem ihm aller Wertungen Bedingtheit und Wandelbarkeit aufging. Er lebt im Unbedingten und sucht, vom All=Bedingenden her alle Dinge zum Besten zu wenden. –

Das ist es, was uns in der Stille als Gewißheit des Weisen bewußt wird:

Nicht aus dem Wissen quillt die Weisheit, sondern aus dem Ergreifen des Unendlichen und aus dem All=Ergriffensein. Das All=Ergriffensein öffnet Augen in uns, die seit Äonen geschlossen waren und denen die Süße des Wiedererkennens im Angesicht der Unendlichkeit Tränen der Freude entlockt.

. . . Winzig und nichtig erschien dem Erwachenden das Dasein, als er sich am Gestade der Unermeßlichkeit des Seins und Überseins wiederfand. Im gleichen Augenblick aber jubelt seine Seele auf im Gewahrwerden, daß der Ewige in ihrem eigenen Innersten seine Heimstatt hat und daß ihr alles, auch das Geringste, zur Vollendung diente und dient.

Dieser Tag des Ewigkeits=Erwachens der Seele ist der Tag unserer Neugeburt, an dem das Leben anhebt, das immer höher führt. Nichts auf diesem Planeten ist wesentlicher als diese Geburt des Ewigen in uns.

# TAO TEH KING

*I. Buch*

## Tao

## 1. OFFENBARUNG DES TAO

Der Tao / den man künden kann /
ist nicht der absolute Tao.
Der Name / den man nennen kann /
ist nicht des Ewigen Name.

Als der Unoffenbare /
ist er des Himmels und der Erde Ursprung;
offenbart / ist er aller Wesen Mutter.

Wer / von Haftenssucht frei /
gelassen nach innen blickt /
gelangt zur Schau des Unoffenbaren;
wer ichgebunden und gier-verhaftet /
sieht nur den äußeren Schein.

Das Offenbare und das Unoffenbare /
obgleich verschieden im Namen /
sind eins im Wesen.
Diese Einsheit ist das Geheimnis des Tao /
das Unergründliche des Urgrunds /
Ausgang aller Offenbarwerdung.

Weil *Tao* für Lao=Tse ein bloßes Symbolum des unauslot=baren Abgrunds der Weltengottheit ist, des überseienden Nichtseins, des Grenzenlosen, das durch jede Benennung so=gleich begrenzt und verfälscht wird, ist das Wort ‚Tao' hier we=der mit ‚Sein' noch mit ‚Wesen', weder mit ‚Sinn' noch mit ‚Weg', weder mit ‚Himmelsmutter' noch mit ‚Geist', weder mit ‚Wort' noch mit ‚Anschluß' wiedergegeben, sondern unüber=setzt gelassen.

Alle Namen, die wir dem unvorstellbaren Absoluten geben, sind Bilder und Vorstellungen vom Tao, nicht das Tao selbst, das, mit einem Eckehart=Wort, ‚ane Bilde' ist. Hier gilt: wer es fassen will, wird es nie erfassen; begreifen wird es nur, wer sich von ihm ergreifen läßt. Des Wortes bedarf es dann nicht mehr.

Auch von einem ‚Weg' kann hier nur in dem Sinne gesprochen werden, daß der Wahrheitssucher sich selber zum Wege werden muß. Wer zu sich gefunden hat, hat aller Wege Ende erreicht. Nur für den Traum=Blick des Unerwachten dehnt sich der ‚Weg' über Jahrmillionen und durch alle Reiche der Scheinwelt. Der Erwachende weiß sich gleichen Augenblicks jenseits des Weges am Ziel und eins mit dem Einen.

Da Lao=Tse, der gütige Alte, Lebensweisheit kündet, zeigt er gleich eingangs, *wie* man zum Erleben des Tao, zur Schau des Unoffenbaren, gelangt: durch Freiwerdung von der Haftenssucht, durch Einwärtswendung und Gelassenheit. Solange wir nach außen gerichtet sind, bleiben wir Sklaven der Sinne wie der Dinge, dem äußern Schein verhaftet. Wenn wir uns nach innen wenden, weichen Gier und Unrast mählich der Gelassenheit des Weisen — — bis sich uns in der Meditation jenseits der vergänglichen Sinnen=Wirksamkeit die ewige Innen=Wirklichkeit offenbart.

Sowie der unruhige See des Bewußtseins sich glättet und still wird, kann sich das Ewige im Vergänglichen rein widerspiegeln. Sowie wir schweigen, gewahren wir, daß nicht nur ‚alles ewig im Innern *verwandt*', weil gleichen Ursprungs, sondern zutiefst *eins* ist: eins im SEIN, so mannigfach es uns auch in seinen Erscheinungsformen entgegentritt.

Im Erwachen zu diesem Einssein offenbart sich uns das Geheimnis des Tao. Wir entschwingen uns dem Kreislauf endlosen Werdens und Vergehens und kehren heim ins unbewegt Beharrende, ins Überseiend=Unoffenbare, in den ‚Ursprung von Himmel und Erde', Wirken und Ruhen, Yang und Yin: ins zweitlose EINE.

Wenn Lao=Tse vom Tao spricht, meint er – wenn überhaupt ein Vergleich möglich ist – *Gott* – als den sich immerfort offenbarenden schöpferischen Weltenwillen – *und Gottheit* – als den unoffenbaren, unbewegten, überseienden Seins=Urgrund – *zugleich* und in einem. Das heißt: Wie Gott – Gott in seiner Selbst=Offenbarung, als erkennbare Wesenheit – und Gottheit – Gott in seiner Absolutheit – *verschieden* sind wie Erde und Himmel, wie der äußere und der innere Mensch, wie Tun und Nichttun, so sind sie doch zugleich im Wesen *eins.* In dieser Schau des Geheimnisses des Tao berührt Lao=Tse sich fast wörtlich mit Meister Eckehart und allen großen Mystikern und Erleuchteten aller Zeiten und Religionen.

Wir gelangen zu gleichem Erkennen, wenn wir – der Weisung des Weisen folgend – über alle Namen und Benennungen hinweg aufwärts=schreiten zum Erleben unseres Einsseins mit dem Absoluten – in seiner Offenbartheit wie in seinem unoffenbaren Ursein. In diesem Einsseins wird uns bewußt, daß das Geheimnis des Tao das Geheimnis auch unseres eigenen innersten Wesens ist: im innersten Kern unseres Überselbstes *sind wir selbst Tao.*

Wohl uns, wenn das Wort des Taoisten für uns lebendige Wirklichkeit wird: „Er hat – in einsam stillen Stunden – was er gesucht – sich selbst gefunden“! Da aber alle Spekulation hierüber müßig ist, gilt es, Lao=Tse's Rat zu folgen: Sinne in der Meditation hierüber nach, bis es Dir zu eigenem Wirklichkeitserleben wird. Denn nicht mit Worten, nur im Schweigen ergründen wir das Unergründliche.

## 2. STREBEN NACH VOLLENDUNG

Alle Welt weiß: wenn Schönheit schön sein will /
wandelt sie sich eben dadurch in Häßlichkeit.
Alle Welt weiß: wenn Güte als gut gelten will /
wird sie eben dadurch zu Ungutem.

So nah sind Sein und Nichtsein /
daß eins aus dem anderen entspringt.
So jäh verwandelt sich leicht in schwer /
wird kurz zu lang / hoch zu niedrig /
Lautes lautlos / das Erste zum Letzten.

Darum strebt der Weise / zu wirken,
ohne zu handeln /
zu lehren, ohne zu reden.
Er läßt die Dinge an sich herantreten /
und verschließt sich ihnen nicht.
Er schafft / und giert nicht.
Er handelt / und fordert nichts.
Er empfängt / und behält nicht.

Weil er nichts will / wird ihm alles zu eigen.
Weil er ein Gebender ist / bleibt er in der Fülle.

Weil Lao=Tse Lebensweisheit kündet, zeigt er als zweites, was beim Streben nach Vollendung zu meiden ist – das Scheinen, das Haften, das Habenwollen – und was zu tun ist, um das Vollendungsziel zu erreichen.

Nichts hindert die Selbstverwirklichung mehr als der Dünkel des Ich: Wer scheinen will, verliert das Sein. Wer sein Ver=

dienst herausstellt, hat es schon eingebüßt. Wer, handelnd, nach den Früchten seines Tuns schielt, geht den Krebsgang.

Erheben soll sich der Wahrheitssucher, nicht sich überheben. Denn der Selbstüberhebung folgt der Absturz, – und dann wird schwer, was leicht war; erklommene Höhen werden zu Niederungen; der vorher kurze Weg dehnt sich in die Länge; und der laute Triumph verstummt, wenn man sich an den Anfang zurückgeworfen sieht.

Nicht auf andere gilt es zu blicken, und nicht auf die Welt, sondern auf sich selbst. Nur die eigene Vollendung vollendet die Welt. Wer in seinem Eigenen bleibt, kann nicht enteignet werden. Nur wer wirkt ohne Warum, vollendet das Werk. Dem Wort des Weisen folgend: ‚Beim Nicht-Tun bleibt nichts ungetan!' wirkt er Vollendung.

Mißverstehe nicht des Weisen Mahnung, verwechsle nicht Nicht-Tun mit Nichtstun. Das eine ist höchstes Wirken, weil Wirken des Höchsten; das andere ist ein Lassen aus Lässigkeit und ärger als Untat.

Nicht-Tun heißt: wirken ohne Werke – durch dein *Sein*. Es heißt nicht mit Worten predigen, sondern schweigend belehren durch deinen Wandel. Wer so wirkt, gleich dem Tao, dem allein sein Streben gilt.

Eben weil er nicht sich, sondern Tao sucht, wird der Sucher zum Finder. Indess' er, sein Herz in Tao, Tao im Herzen, gelassen durchs Leben schreitet, nähert er sich unablässig dem Ewigen, wird er immer mehr zum Ewigen selbst.

Und weil nicht mehr *er*, sondern das ewige Selbst durch ihn wirkt, tritt das Ich zurück. Je mehr das Ich zurücktritt, desto sichtbarer tritt Gott hervor. Nun lebt nicht mehr er, sondern Gott lebt in ihm und wirkt durch ihn. Daß er solchermaßen ein Nicht-Wirkender ward – eben das ist die Vollendung des Werks.

Darum ist der Weise ein Heiliger: ein von Ichwahn und Haftenssucht Geheilter. Darum ist der Weise ein Weiser: allen, die im Erwachen stehen, weist er den Weg zur Vollendung.

## 3. FRIEDE DURCH NICHT=TUN

Verdienst nicht rühmen und Tüchtigkeit nicht
hervorheben /
so verhindert man Eifersucht und Streit.
Besitz gering achten und Kostbarkeiten
nicht überschätzen /
so vermeidet man Besitzgier und Diebstahl.
Nichts Äußeres für begehrenswert halten /
so verhütet man Unruhe und Zwiespalt im Innern.

Also der Erwachte:
Er macht der Menschen Herz wunschlos /
und erschließt ihnen eben dadurch die Fülle.
Er mindert ihr Begehren /
und erhöht dadurch ihre Verwirklichungskraft.
Er lehrt sie / das Innere über das Äußere zu stellen /
Weisheit höher zu achten als Wissen /
nicht von außen her zu wirken /
sondern aus der Unbewegtheit des Innern.

So das Nicht=Tun übend / finden sie Frieden
und erkennen:
Beim Nicht=Tun bleibt nichts ungetan.

Weil Lao=Tse Lebensmeisterung durch Gelassenheit lehrt, macht er im Tao=Teh=King als drittes sichtbar, was Wêi Wu Wêi – Tun durch Nicht=Tun – einschließt und wohin es führt: zu Weisheit, Überlegenheit und Frieden.

Der Weg des Nicht=Tuns ist der Weg der Mitte. Die Dynamik des Nicht=Tuns ist gleich weit entfernt vom passiv=trägen

Nichtstun wie von der leeren Geschäftigkeits=Besessenheit des Unerwachten.

Tun durch Nicht=Tun: das ist der Weg der Friedfertigen und Friedenbringenden, der durch Nichtwiderstehen Siegenden. Es ist der Weg derer, die jede äußere Macht durch gewaltlose Sanftmut zum Weichen bringen, die nach innen statt nach außen leben, die zuerst nach dem ‚Reinen Lande', dem ‚Reiche Gottes' streben – und eben dadurch, daß sie nur Dienende sein wollen, sich die Erde untertan machen.

Weil sie begehrensfrei sind und aus der Unbewegtheit ihres Innern wirken, eignet ihrem all=geeinten Willen höchste Verwirklichungskraft. Das Geheimnis ihrer Wirkkraft liegt im Nicht=Tun: weil nicht sie wirken, sondern TAO durch sie will und wirkt, schafft ihr Wollen Wirklichkeit. Christus gab der gleichen Wahrheit Ausdruck, als er bekannte: „Nicht ich wirke; sondern der Vater in mir ist es, der diese Werke tut." Auch er war, wie alle Weltenlehrer, ein durch Nicht=Tun das Wesentliche Wirkender.

Durch Wu Wêi, durch Nicht=Tun, bringen wir das Gesetz des Vakuums zum Wirken:

Sowie wir aufhören, uns einer Not zu widersetzen, führt eben das Nichtwiderstehen zur Wende, zum Ende der Not. Wir gleichen dem Wasser, das den Felsen durch Nachgeben zum Weichen bringt.

Besitz und Verlust gering achtend, erleben wir uns als Eigner der Fülle. Indem wir uns *leer* machen, werden wir anziehend für die Fülle. Sowie wir vom Gieren und Habenwollen frei und bewegungslos werden, beginnt der Überfluß uns zuzuströmen. Wunschlos geworden, sehen wir alle Wünsche erfüllt.

Indem wir das Äußere gering achten gegenüber dem Innern, nähern wir uns dem *Geheimnis des TAO*. Denn:

„Stets ohne Wunsch sein nach äußeren Dingen
ist nötig, um in sein Geheimnis einzudringen.
Solang' unser Herz von Wünschen erfüllt,
bleibt das Wesen des TAO dem Geiste verhüllt."

Wenn wir das Sorgen einstellen, weichen die Widrigkeiten dem Nicht=Tun. Und wenn wir nicht mehr nach mehr Wissen, sondern nach mehr Weisheit streben, endet der Irrgang und wir werden Finder der Wahrheit. Wenn wir auf dem Wege nach innen zu uns selbst heimfinden, erkennen wir im Selbst=Erwachen alle Dinge als unser. Gelassen werdend, bewirken wir, daß sich alles gut anläßt. So gleichen wir uns dem TAO an: es handelt nicht und bewirkt doch alles.

In der Tat bleibt beim rechten Nicht=Tun nichts ungetan: der gelassen Gewordene kommt innerlich in Ordnung, und damit kommt sein Leben — und alle Dinge darin — in Ordnung. Der zur inneren Ordnung Gelangte wirkt ohne Tun — durch sein Sein — auch auf seine Umwelt erneuernd. So erwächst aus innerlich geordneten Menschen der geordnete Staat, und aus geordneten Staaten die geeinte Menschheit.

Denn wo nicht mehr Mangel und Ohnmacht im Mittelpunkt des Denkens und demgemäß nicht mehr Haben= und Kriegen=Wollen, Besitz= und Machtgier im Mittelpunkt des Trachtens des Einzelnen und der Völker stehen, wo also aus rechtem Denken und Verhalten Kraft und Friede und Fülle für alle erblühen, da haben Neid und Krieg keine Stätte mehr.

Wer die Dynamik des Gelassen= und Leerseins, des Nicht=begehrens und Nicht=Tuns — das Geheimnis des Vakuums — erkannt hat und beachtet, wer sich übt, zuerst nach TAO zu trachten und sein Inneres zu ordnen, der ordnet und meistert mühelos sein Leben und lebt aus der Fülle.

Was alles das ‚Tun durch Nicht=Tun' für die Ordnung und Sinnerfüllung unseres Daseins bedeutet, wird aus den weiteren Worten des Weisen ersichtlich.

## 4. GEHEIMNIS DER LEERE

Unergründlich in seiner Tiefe /
ist Tao alles Seienden Urgrund.
Weil er leer ist / ist er der Fülle Ursprung /
und bleibt / Erfüllung wirkend /
doch reglos und unerfüllt.

Leer / ist er aller Wesen Urschoß und Mittelpunkt.
Er lindert ihren Zwiespalt /
er löst ihre Wirrnis /
er tilgt den Schein /
und eint sie dem Sein.

Weil er still ist / ist er unüberhörbar.
Unbewegt / ist er allwirksam.
Ungeboren / ist er älter als Gott.

Weil Lao=Tse dem Wahrheitssucher zum Wachwerden für das Wesen inseits der Welt, für das Sein jenseits des Scheins verhelfen will, berührt der ‚alte Weise' als viertes das Geheimnis des Leer= und Stille=Seins:

Wie der Wert eines Gefäßes in seinem Leerraum besteht, so birgt sich das Wesen des Tao in der Unermeßlichkeit seiner Leere.

Gleichermaßen liegt der Schlüssel zum Selbst=Erwachen in der Kunst der Ichentleerung.

Die Leere, das Nichts, ist der Urschoß der Gottheit und aller Wesen wie alles Werdens Ursprung und Vollendung. Keine Erfüllung, keine Fülle ohne Leersein – unten wie oben, im Kleinen wie im Großen! Und kein Lautwerden des göttlichen Worts ohne die reglose Stille der Ewigkeit – unten wie oben, im Klei=

nen wie im Großen! Keine Zeit ohne die zeitlose Ewigkeit; kein Raum ohne die Unendlichkeit des überseienden Nichtseins; keine Bewegung und keine Schöpfung ohne den unbewegten und unausschöpfbaren Urgrund!

Wer des Schlafens müde ist und nach dem Großen Erwachen verlangt, der lerne daraus:

Kein Erfülltsein von Tao ohne völliges Leersein! Nur wer von Welt, Wahn und Weh leer ward und unbewegt, wird vom Tao erfüllt und der Vollendung teilhaftig.

Das ist die lautlose Botschaft der Leere: *daß wir dem Tao gleich und leer und reglos werden müssen, um von Tao erfüllt und bewegt zu werden.*

Wie Tao durch alles, was er wirkt, nie ausgefüllt wird, sondern jenseits wie inseits der von ihm ins Dasein gerufenen Wesen und Dinge der unauslotbare Abgrund der Ewigkeit bleibt — gleichsam die leere und unbewegte Nabe im kreisenden Rade des Werdens und Vergehens —, so gilt es für den Wahrheitssucher, nachdem er zur Gelassenheit, zum Tun durch Nicht=Tun, gefunden hat, in den gleich unergründlichen Abgrund seines Innern hinabzusteigen, bis er — im unbewegten Mittelpunkt seines Gottselbst — aus der Icherfülltheit in die weiselose Leere der Gottheit entsinkt . . .

In eben dem Augenblick weiß er, daß hier, im Abgrund der Gottheit, nichts mit Worten Nennbares, nichts mit Namen Unterscheidbares Bestand hat, weil hier die Leere des Urseins, des Nicht=Seins regiert, in deren Abgründigkeit alles Sein und Werden gründet.

In diesem Einswerden mit der Leere des Tao findet sein Vollendungsstreben Erfüllung: das Leidvolle des Daseins verklärt sich, seine scheinbare Verworrenheit löst sich, Traum und Trug verwehen und der Einklang des Seins wird im Aufgang des Innenlichts sicht= und vernehmbar.

In diesem Erwachen zur Wirklichkeit gründet die Heiterkeit und Gott=Gelassenheit des Weisen, der sich dem Höchsten wie dem Niedrigsten eins und verbunden weiß, weil er im Staube der Vergänglichkeit den Glanz der Ewigkeit, in der Leere des Nicht=Seins die Fülle des Seins verborgen sieht und offenbar zugleich, und weil er um sein Einssein mit dem Ursprung weiß.

Von der Leere des Tao erfüllt, erkennt er Tao als ungeboren und ewig. Tao ist älter als Gott, weil Gott als Offenbarwerdung der Gottheit mitsamt seiner Schöpfung *wird* und *entwird,* der absolute TAO, der Urgrund der Gottheit, aber jenseits von Werden und Vergehen *ist.* Darum ist Tao älter als Schöpfer und Schöpfung: als der Urgrund ist er grund=los und anfangs=los.

Gleichermaßen ist Tao im Menschen älter als der Mensch in seiner Erscheinung – ungeboren und ungeworden wie die Gott=heit selbst.

## 5. MASS DES ALLS

Das All mißt nicht mit Menschenmaß /
Es ist allem gleich nah /
und durchdringt alles ohne Unterschied.
Also der Erwachte:
Er ist allen Wesen gleich nah /
und bejaht alle ohne Unterschied als heilig.

Einem Blasebalg gleicht das All:
Obgleich leer / fällt es nicht in sich zusammen.
Bewegt / bringt es immer mehr hervor.

Gleichermaßen der Weise:
Nicht aufgeblasen /
erschöpft er sich nicht durch müßige Worte.
Von innen her bewegt /
schöpft und schenkt er aus der Fülle des Alls.

Weil Lao=Tse uns zur rechten Haltung verhelfen will, lehrt er als fünftes, Welt und Leben mit dem einzigen Maß zu mes=sen, das uns angemessen ist: mit dem Maß des Alls.

Was darunter ist, führt entweder zum Unter= oder zum Übermaß: zu Selbstunterwertung oder zur Anmaßung – und damit im Blick auf die Welt zu Maßlosigkeit oder Vermessen=heit, im Blick auf die Wesen zu Unterscheidung und Entzweiung statt zu Gemeinsamkeit und Einheit.

Darum die Mahnung des Weisen, dem All gleich alles Leben=dige mit gleicher Liebe zu durchdringen, nicht den Einen mit Vorliebe, den Anderen mit Unliebe zu begegnen, sondern alle mit gleicher All=Liebe zu umfassen; nicht die Einen zu richten und sich nach den Andern auszurichten, sondern alle gleicher=maßen aufzurichten und ihnen aufrichtiger Halt zu sein.

Denn solange unsere Liebe persönlich ist und mit Menschen=maß mißt, sind wir der Gelassenheit und Leidüberlegenheit fern. Solange wir auf das *Äußere* blicken, das immer verschie=den ist und zu Wertungen verleitet, bleiben wir blind für die Wahrheit der Einheit. Erst wenn wir nur noch das *Innere* sehen und uns dem allen gemeinsam innewohnenden Tao einen, sehen wir recht und wirken das Rechte.

Das Gutsein der Unerwachten ist — solange es mit Menschen=maß mißt — immer noch feinste Maske der Selbstsucht. Die Güte des Erwachten, der nicht mehr sich selbst sucht, sondern sein SELBST — im Tao — gefunden hat, ist *selbstlose Güte.*

Er hat Tao — und das ist mehr als Gutsein, mehr als Liebe, die immer noch Verlangen nach dem Einssein bleibt. Er *ist* eins mit dem Tao und wesenseins mit allem, was ist. Darum ist ihm alles gleich heilig, gleich notwendig, gleich gültig — und eben darum nicht gleichgültig. Sein Liebeswirken ist — weil auf das Sein gerichtet statt auf den Schein — unpersönlich und unter=schiedslos. Wohl und Wehe nur als äußeres Geschehen läßt ihn gelassen; was ihn bewegt, ist, was der Mensch aus seinem Wohl und Wehe macht, wie er daran wächst und darüber hinaus=wächst.

Weil er sich allen gleich nah, mit allen gleichermaßen eins weiß, kennt er weder Zurücksetzung noch Bevorzugung. Er ist frei vom Wahn der Zweiheit, aus dem alles Werten und Unterscheiden entspringt. Er wirkt aus der Sicht des Einsseins, die ihn in allem das eigene Selbst und hinter allem das All=Selbst erkennen läßt.

Alles Äußere ist ihm nur Gleichnis des innewohnenden Gött=lichen und darum gleich gottnah und gleich lieb. Er sieht nicht mehr das Unterscheidende und Trennende, sondern das All=Gemeinsame: TAO.

Lao=Tse liebt die einfachen Analogien und führt den, der sehen will, durch das Gleichnis des Bekannten zum Begreifen des Unbekannten.

Der äußere — exoterische — Sinn seiner Gleichnisse ist leicht zu fassen, während der innere — esoterische — Sinn erst dem Sinnenden, dem darüber Meditierenden, aufgeht.

So enthält und enthüllt auch das Gleichnis vom *Blasebalg* eine doppelte Lehre — je nachdem, ob das Auge auf die äußere Form — den Balg — oder das innere Wesen — die Leere — gerichtet ist. Wie alle Sprüche des Weisen in ihrer Kürze die hohe Kunst des Weglassens verraten, die der meistert, der dem erschöpfenden Reden das schöpferische Schweigen vorzieht, so auch dieser. Wohl dem, der auch das Ungesagte vernimmt!

Nur Unweise folgen dem Drang, sich zu äußern, und laufen Gefahr, sich zu veräußerlichen und zu erschöpfen, während der Weise sich nach innen öffnet und schweigt. Was *er* äußert, ist Schöpfung aus dem Weisheitsborn des Alls.

Der Unweise, der sich aufbläst, hat noch nicht begriffen, daß erst das *Leersein* die Fülle auslöst und ihn dem All angleicht: „Obgleich leer — fällt es nicht in sich zusammen!"

Der in sich selbst Ruhende schöpft als Allkraft=Geeinter und schenkt als All=Liebender aus einer Fülle, die beständig wächst und ‚immer mehr hervorbringt'. Von Ichhaftigkeit leer, von Tao erfüllt, geht er den rechten Weg: den Weg der Mitte.

Indem er uns diesen Weg weist und uns hilft, das Maß des Alls zur Richtschnur unseres Wesens und Verhaltens zu erheben, will Lao=Tse uns Lust zur Allheit machen und uns ans höchste Maß gewöhnen, das allein uns angemessen ist: ans Maß des Tao.

## 6. URSPRUNG DES WERDENS

Die Tiefe des Alls ist wandellos.
Leer / ist sie die verborgen Gebärende.
Bewegt / ist sie alles Werdens und aller Dinge
ewig fließender Quell.

Keiner Befruchtung bedürfend /
gebiert sie ohne Ende.
Unausschöpfbar / wirkt sie die Fülle.

Lao=Tse, vor seinem Gang in die Heimatlosigkeit Leiter der Staatsbibliothek, spricht hier als Kenner der ältesten philosophischen Werke Chinas: er gibt, worauf der Weise Liê=Tse hinweist, mit den vorstehenden Worten einen Spruch des Kaisers Hoâng=Ti, der von 2697–2597 vor Chr. gelebt haben soll, wieder, um damit seine fünfte These vom Maß des Alls zu unterstreichen und zu verdeutlichen.

TAO – in seiner Unoffenbartheit und Leere der *EINE* Absolute Weltengeist – ist wandellos. In seiner Selbst=Offenbarung wird er – als die mütterliche Tiefe des Alls – zum all=gebärenden und all=bewegenden Urgrund, Ursprung und Urquell der *Zweiheit* von Himmel und Erde, Yang und Yin, Männlich und Weiblich, und damit der *Vielheit* der Wesen und Dinge. Seiner grundlosen Tiefe entquillt alles, was ist, in unerschöpflicher Fülle.

Mit anderen Worten: der *Geist*, obwohl unsichtbar und ungreifbar gleich der unendlichen Leere des Alls, ist aller Materie, aller Stofflichkeit und Gewordenheit, Ursprung. Solange er unbewegt ist, in seiner Leere verharrt, ist er potentielle Kraft und Materie. Sowie er sich regt, wird er als bewegende Kraft und bewegte Materie offenbar. Und da er beides *zugleich* ist – leer und bewegt — vollziehen sich Weltenschöpfung, Weltentwicklung und Weltvollendung unaufhörlich — in ewigem Fluß.

Was Lao=Tse mit der Zitierung Hoâng=Ti's dem Wahrheitssucher bewußt machen will, ist nicht das Drama der Weltenentstehung, sondern das Geheimnis des *mikrokosmischen TAO:*

Der göttliche Geist in dir, selbst werde= und wandellos, ist alles Gewordenen mütterlicher Urschoß. Er schuf sich den Leib und die Lebensbedingungen und wirkt, ob der Körper wacht oder schläft. Keiner Anregung bedürfend, gebiert er ohne Aufhören die Fülle der Erkenntnis, die den Erwachten wie den Unerwachten drängt, die aus dem Innern quellenden Gedanken im äußeren Leben in Wirklichkeit zu wandeln . . . Die *Kraft* der Verwirklichung ist in jedem lebendig; aber sie erschließt sich in ihrer Fülle nur dem, der sich nicht von außen, sondern nur noch von innen her, vom Tao, bewegen läßt.

Wenn Tao sich in ihm regt, offenbart er sich als die schöpferische Macht, die das Schicksal bestimmt und Welt und Leben von innen her bewegt. In diesem Von=innen=her=Bewegtsein liegt die Weisheit des Gelassenen.

Die Lehre, die Lao=Tse uns damit vermittelt, ist diese:

Gleiche in Deiner Gelassenheit dem wandellosen Tao und lerne, ohne aus dir herauszugehen, Leben und Schicksal von innen her zu bestimmen.

Erkenne den göttlichen Geist in dir als den Quell deiner Kraft, der fließt, wenn du selbst unbewegt bist und, nur von innen bewegt, Seinen Willen wirkst. Dann wird dein Atem tief und machtvoll und dein Leben lang und ein Mittel zur Erfüllung deiner höchsten Bestimmung. Dann wirst du dir selbst zum Gesetz und bist *eins* mit Dem in dir, der, unwandelbar und ewig, aller vergänglichen Dinge Wandel bestimmt. Dann gleichst du einem Quell, der, aus Tao gespeist, ohne Aufhören fließt und unausschöpfbar bleibt.

Dies heißt Lao=Tse: in Tao ruhen und dem Ursprung des Werdens nahe sein. In Tao ruhen heißt vom Geist des Tao erfüllt und bewegt sein. Vom Geist des Tao erfüllt und bewegt sein heißt ein unaufhörlich Gebender sein — ein Sohn der Göttlichen Weisheit, der das Leben und die Welt beständig reicher macht. Denn die Weisheit, die dem Herzen des Tao=Geeinten entquillt, ist ohne Ende.

Es bedarf keines Mühens, ihrer Fülle teilhaftig zu werden. Nicht im Tun liegt der Schlüssel, sondern im Lassen: in jener *Hingabe,* die den nach innen Offenen für den Empfang der Er=kenntnis bereitet und in seinem Herzen einen Quell entsprin=gen läßt, aus dem die Fülle der Weisheit ohne Ende hervor=strömt!

## 7. SIEG DES SELBSTLOSEN

Himmel und Erde sind von Dauer.
Daß sie nicht sich selber leben /
das ist es / was ihnen Bestand verleiht.

Also der Erwachte:
weil er sein Selbst zurückstellt / schreitet er voran;
weil er sich verschenkt / nimmt er zu;
weil er nicht für sich sorgt / wird er erhalten.

Das ist es:
weil er selbst=los ist /
erlangt er Selbst=Vollendung.

Weil Lao=Tse uns die lebengebenden Kräfte bewußt machen will, sagt er als sechstes, was Dauer verleiht:

Wie Himmel und Erde aus der Kraft des Tao leben und diese unablässig weitergeben, so möge der Mensch, was das Leben ihm gibt, willig weiterreichen, damit sein Reichtum wachse. Denn der nur Nehmende ist der Verlierende, während der gütig Gebende, der von sich selbst absieht, der von Absichten frei ist, unter den Schutz des Himmels und in den Strom der Fülle tritt.

Wer es nicht auf sich selbst absieht, sondern freudig sich selbst verschenkt, erlangt Dauer – was mit Christi Wort zusammenklingt: „Wer sein Leben findet – und sein Herz daran hängt –, der wird's verlieren; und wer sein Leben verliert um meinetwillen, der wird's finden!"

So heißt, dem Himmel gleichen, zugleich: unseres himmlischen Wesens und Erbes innewerden. Wiederum meint Christus das Gleiche: „Trachtet am ersten nach dem Reiche Gottes, so wird euch alles übrige zufallen": Wer sich dem Tao eint und nichts zu erhalten trachtet, der wird vom Himmel erhalten.

Hinter Himmel und Erde west der absolute TAO. Weil sie aus Ihm leben und sind und nicht aus sich und darum auch nicht sich selber leben, haben sie Bestand. Und ebenso der Mensch: soweit er Tao in sich und sich in Tao weiß, am Tao teil hat, aus Tao lebt, lebt er wesentlich, hat sein Leben Sinn und Dauer. Je mehr er hingegen sich selber lebt, sein kleines Ich für das Wesentliche hält, desto mehr verschließt er sich Tao und damit dem, was seinem Leben Fülle und Erfüllung gibt.

Wer auf sein Ich gerichtet ist, nimmt ab; wer von sich ab=sieht, nimmt zu. Selbstlos handelnd, wurzelt er mit seinem Selbst im Ewigen; und dies In=Tao=Sein gibt seinem Werk wie seinem Leibe Leben und Dauer.

Das ist es, was der Weise lehrt: durch Selbsthingabe das SELBST zu finden, durch Wegsehen vom Eigenwollen das Ur=eigenste in sich zum Wollen und Wirken zu bringen, durch Von=sich=Absehen, durch Absichtslosigkeit Wille und Absicht des Tao zu erfüllen. Dem, der so lebt, wird, da sein Ich schon vorher entward, selbst der Tod zum Selbst=Enthüller und Vollender.

Weil der Weise sich nicht vordrängt, sondern zurückhält, wird er zum Mittler des Tao. Das nennt der Erwachte ‚Mittei=len durch Zurückhaltung'. Was er meint, macht Nü=Yü's Ant=wort auf die Frage klar, wie er Pu=Liang=J zum Innewerden des Tao führte:

„Pu hatte alle Eigenschaften eines Weisen, aber nicht Tao. Ich hingegen habe Tao, aber keine der Eigenschaften. Wie konnte ich ihn zum Tao leiten? Dadurch, daß ich durch Zurück=halten mitteilte.

Nach drei Tagen hatte die Scheidung der Dinge für ihn zu bestehen aufgehört. Nach weiteren sieben Tagen hatte das Außen für ihn zu sein aufgehört. Nach abermals neun Tagen schritt er aus dem Eigensein heraus. Da wurde sein Geist leuch=tend hell wie der Morgen und er schaute das Wesen, sein Selbst. Als er geschaut hatte, entward er der Vergangenheit und Gegenwart. Endlich betrat er das Reich, wo Tod und Leben nicht mehr sind: da leitet, findet, zerstört und schafft der, der in Tao ist, alle Dinge. Der Entworden=Unberührte ist sein Name, und seine Bahn ist die Vollendung."

## 8. GLEICHNIS DES WASSERS

Der Vollendete gleicht dem Wasser:
Allen Wesen spendet es willig Erquickung und Segen.
Streitlos / erfüllt es die Tiefen /
die der Mensch flieht /
und ist dem Tao am nächsten.

Gleichermaßen der Vollendete:
Wo er weilt / füllt er willig seinen Platz aus.
Was er sinnt / ist abgrundtiefe Güte.
Wo er gibt / schenkt er / wunschlos / sich selbst.
Wenn er spricht / quillt lauterste Wahrheit.
Wo er leitet / lenkt er durch Sanftmut.
Wo er wirkt / dient er allen und trägt sie zur Fülle.
Wo er eingreift / bewirkt er Ausgleich und Frieden.

Weil er sich streitlos einfügt /
lebt er ohne Feindschaft und Widerstand.

Weil Lao=Tse Lebensmeisterung durch Lassen und Gelassenheit lehrt, zeigt er am Beispiel des Wassers, wie der Weise durch Sanftmut und Nichtwiderstehen alles zum Besten ordnet.

Wenn Lao=Tse, in einem anderen Vers, vom Wasser sagt, es sei stärker als der Fels, so will er uns damit lehren, Härte durch Weichheit zum Weichen zu bringen, gewaltlos zu siegen, in unserem Verhalten dem Wasser zu gleichen:

Weil es sich willig hingibt, dient das Wasser allen Wesen zum Leben. Gleichermaßen der Weise: weil er sich vom Willen zum Gutsein leiten läßt, wie das Wasser von der Schwerkraft, weil er in Demut dient, wird er allen Wesen zum Wohltäter.

Seine selbstlose Güte und Weisheit wirkt, daß ihre Seelen nicht verdursten und ihr Leid sich mindert.

Weil das Wasser nichts will, sondern sich gehen läßt, erreicht es sein Ziel. Weil der Weise nichts für sich will, sondern sich von Tao leiten läßt, wird er zum Segen für alle.

Wie das Wasser, indem es hinabströmt, die Niederungen fruchtbar macht, so erfüllt der Weise, indem er sich barmherzig zu den Leidenden hinabneigt, verdorrte Herzen mit neuem Leben.

Wie das Wasser nicht zurückscheut, auch die niedrigsten Stellen zu erfüllen, so durchlichtet die Liebe des Erwachten auch die dunkelsten Abgründe der Seele und läßt auch den Verworfensten spüren, daß er, in der Tiefe, dem Ewigen am nächsten ist.

Weil des Weisen Herz still ist und leer von Wünschen, neigen die anderen Herzen ihm zu, von seiner Stille Stillung erhoffend. Weil er keinen Anspruch erhebt, spricht er alle an und leitet sie, indem er ihnen dient, auf dem Strom seiner Liebe zum Meer der Fülle.

Weil seine Güte selbstlos ist, kommt sie allen zugute. Weil er keinem etwas streitig macht, lebt er ohne Zwiespalt und Streit. –

Wie es das Wesen des Wassers ist, ständig der Tiefe zuzuströmen, so ist des Weisen Streben, sich ständig in den Seelengrund einzusenken, aus dem ihm Liebe, Licht und Leben in Fülle zuströmt.

Wie das Wasser, wenn es willig abwärtsfließt, bis die Tiefe des Meeres erreicht ist, alsbald von den Strahlen der Sonne emporgezogen wird, um aufs neue seinen segensvollen Kreislauf zu beginnen, so zieht die Sanftmut den Weisen, der sich liebend zu den Hilfsbedürftigen hinabneigt, in die Nähe des Tao, dessen Tiefe – Höhe ist.

Gleichwie der Wassertropfen im Bach, der Bach im Strom, der Strom im Meere endet und Erfüllung findet, so endet des Vollendeten Weg im Vollen: in der Ganzheit des Überseins.

So geht, wer den Weg des Wassers geht, den Weg zum TAO.

## 9. KUNST DES MASSHALTENS

Besser ist / Maß zu halten /
als bis zum Überfließen zu füllen.
Unmöglich ist / ein Werkzeug zu gebrauchen
und es zur gleichen Zeit zu schärfen /
unmöglich auch / giervoll Schätze aufzuhäufen
und zugleich gesichert zu sein.
Denn Besitz zeugt Besessenheit /
Besessenheit Hochmut / und Hochmut Unheil.

Daß er Maß hält / wenn das Werk vollendet ist /
daß er sein Selbst zurückstellt und sich dem
Ruhm entzieht /
darin erweist sich die Weisheit des Erwachten.

Was Lao=Tse mit diesem Spruch lehren will, ist die Täuschung und Enttäuschung fernhaltende Kunst des Maßhaltens, der weisen Beschränkung und Sammlung auf das, was gerade gewirkt wird.

Wie man ein Werkzeug nicht zugleich benützen und schärfen kann, so soll man beim Werk nicht zugleich nach dem Lohn schielen, weil dann das eine mißlingt und das andere gefährdet wird. Ist man beim Werk nur Wirkender, erfolgt der Erfolg von selbst. In der Bergpredigt Christi wird die gleiche Erkenntnis ausgesprochen: wer das Gute nicht um des Guten, sondern des irdischen oder himmlischen Lohnes willen tut, hat seinen Lohn dahin und müht sich umsonst. Denn wo der Sinn auf Ruhm und Verdienst gerichtet ist, ist Werkhingabe unmöglich; und so gelingt weder das eine noch das andere.

Ebenso kann man nicht den Blick nach innen wenden und zugleich gierig hinter den Schätzen der Erde herjagen. Alle äußeren Güter sind vergänglich; wer sein Herz daran hängt und seine Sicherheit darin sucht, bleibt friedlos und ungesichert und jedem Zufall und Verluste preisgegeben. Wer in sich selber ruht und allen Reichtum in sich weiß, ist geborgen und sichert sich Fülle innen und außen.

So heißt Maßhalten im letzten: sich ans höchste Maß gewöhnen: ans Maß des Tao. Dieses Maßhalten üben heißt, sich von Übertreibungen fernhalten.

Übertreibung ist es, Reichtum zu raffen und nie genug zu haben, statt die Fülle zu bejahen und als Geschenk des Lebens dankbar zu genießen. Denn wer rafft, wird rastlos, ein ewig Gejagter und ein Opfer der Gier und der Not.

Jedes Zuviel gleicht dem Zuwenig. Der Überfluß hat die Nachteile des Mangels. Darum rühmt Lao-Tse weder das Reich- noch das Armsein; denn bei beidem kann das Herz voll Gier und von der Furcht vor Mangel und Verlust gejagt sein. Maßhalten heißt sich in der Mitte halten: die Fülle bejahen und gebrauchen, ohne an ihr zu hängen und von ihr abhängig zu sein.

Jedes Zuviel, jede Übertreibung führt ins Unheil. Zuviel des Guten erzeugt Überdruß und Übermut und löst eben die Gefahr aus, die das Gute, maßvoll getan und genossen, fernhält.

Wissen ist gut, Weisheit besser; zuviel Wissen zeugt Dünkel und hindert am Weisewerden.

Fülle ist gut, Freisein von Haben und Nichthaben ist besser; Überfluß führt zu Fesselung, Unruhe und Gefährdung.

Jede Übertreibung macht Dich aus einem Treibenden zu einem Getriebenen:

Übertreibung ist es, die Arbeit zum Selbstzweck zu erheben. Wer so handelt, macht aus Frohdienst Frondienst, wird zum Sklaven seiner Geschäftigkeit und endet in Unfrieden, Krankheit und Mangel.

Übertreibung ist es, das Verdienen über das Dienen zu stellen. Wer willig dient, verdient die Fülle und empfängt sie. Wer haben und herrschen will, wird vom Unheil bedient.

Übertreibung ist es, nach getanem Werk nach Anerkennung zu gieren. Denn „Güte, die als gut gelten will, wird eben dadurch zu Ungutem". Wer gelten und gefallen will, verfällt der Vergeltung und dem Fall.

Übertreibung ist es, inneren oder äußeren Besitz zur Schau zu stellen. „Wer sich aufbläht, erschöpft sich", ruft Neid und Gegenwehr hervor und bringt sein Besitztum in Gefahr. Auf Hochmut antwortet der Unmut der Umwelt und dem Übermut folgt der Verlust der Sicherheit. Wer sich über andere erhebt, verliert sein Gleichgewicht und stürzt — innerlich und äußerlich.

Maßhalten können ist — so gesehen — eine Frage der *Selbst=losigkeit,* die Lao=Tse im siebten Spruch als die Weisheit des Weisen rühmt.

Maß halten heißt still halten. Nur wer stillehält, kann gestillt werden. Nur wer gelassen bleibt, ist nie verlassen und Eigner der Fülle. Nur wer sich von den äußeren Dingen nicht ver=äußerlichen läßt, sondern in sich und mit sich selber eins bleibt, bleibt gesichert und der Dinge Herr. Er weiß, bei Verfolgung eines Zieles, einzuhalten, wenn es Zeit ist, ohne sich vom Trachten nach dem Zuviel verleiten zu lassen, über den Gipfel hinauszuschießen und auf der anderen Seite in den Abgrund zu stürzen.

Statt nach dem Ruhm der Welt zu trachten, zieht er sich, wenn sein Werk vollendet ist, in sich selbst zurück. Er identifi=ziert sich nicht mit seinem Werk noch mit irgendeinem Ver=dienst, sondern löst sich vom Geschaffenen und gibt dem die Ehre, der durch ihn wirkte: Tao, dem einzigen Wirker und Vollender.

## 10. TUGEND DES GELASSENEN

Wer sich im Geist und Gemüt mit allen eins weiß /
bleibt vor Geteiltheit und Zwiespalt bewahrt.
Wer / Sanftmut übend / Sinne und Seele läutert /
wird / dem Kinde gleich / des Himmels Erbe.
Wer / um Klarheit bemüht / nach innen sieht /
gelangt zur Einsicht und zur Schau der Wahrheit.

Wer andere durch Liebe leitet /
selbst gelassen bleibend /
wirkt ohne Tun und Verordnung Ordnung.
Weil Geben und Empfangen ihm eins sind /
öffnet er /
dem mütterlichen Weltengeiste gleich /
allen die Tore des Himmels.
Weil er selbst innerlich offen ist /
ist ihm alles ohne Wissen offen.

Daß er nährt und erhält / ohne zu halten /
daß er wirkt / ohne zurückzuhalten und zu behalten /
daß er führt / ohne zu herrschen /
das ist des Gelassenen Tugend.

Lao=Tse setzt mit diesem Spruch die Erläuterung der Kunst des Maßhaltens fort, die sich dem Tieferblickenden als ‚Tugend des Gelassenen', als Weisheit der Gelassenheit enthüllt:

Wenn Geist — Jîng — und Gemüt — Phe — gleichermaßen auf das *Einssein* gerichtet und vom Gewißsein der Einheit erfüllt sind, sind Entzweiung und Zweifel im Innern wie Zwiespalt und Zwist im Äußern unmöglich. Der durch innere Einung gegen Geteiltheit und Spaltung Gefeite teilt und spaltet auch die anderen nicht.

Auf diese Einung zielt die Zügelung und Läuterung der Sinne wie der Seele: auf ihre Erziehung zu Sanftmut und Weichheit, Ein=willigkeit und Anschmiegsamkeit — gleich dem Wasser, das willig jede Form annimmt. ‚Läutern' heißt auf das lautere EINE ausrichten, dem allein alle Kräfte dienen sollen.

Wo alle Kräfte einheitlich gerichtet, einspitzig, einfaltig und einmütig geworden sind, ist der Zustand der Ursprünglichkeit, Einfalt und Reinheit des *Kindes* erreicht und der Zugang zum Himmel — zum Einklang mit dem eigenen Selbst wie mit dem Nächsten und dem All=Selbst — offen.

Im gleichen Maße öffnet sich im Einwärtsblickenden das Seelen=Auge, und die Wirklichkeit und Wahrheit wird für ihn wahrnehmbar — unmittelbar, in intuitiver Schau. Weil er sich allem aufschließt, ist ihm alles zugänglich, ohne daß er sich um das Darum=Wissen bemühen muß. Unmittelbares Gewißsein macht äußeres Wissen entbehrlich. Wo das Licht der Vernunft im Herzen aufgeht, bedarf es des äußeren Hörens und Vernehmens nicht mehr.

Wer sein Selbst als das Eine Selbst in allen, als das *Eine All=Selbst* erkannt hat, wer der Wesenseinheit von Seelengrund und Weltengrund, Atman und Brahman, Jîng und Tao, innewward, der wird — als Träger des Geistes der Ganzheit — zum Mittler der Fülle des Lebens. Weil das allgemeine EINE durch ihn schafft, dient sein Wirken der Gemeinschaft.

Damit tritt ein Zweites hinzu, auf das Lao=Tse hinweist:

Wer zur Einheit im Innern fand, der bewirkt ohne Werk auch im Äußern Wandlungen, die dem Geist der Einheit gemäß sind: schon sein Gewißsein des Einsseins fördert den Frieden und strahlt Ruhe aus und Sicherheit. Sein Dasein erfüllt aller Herzen mit Liebe und Frieden.

Wie ein Magnet die Eisenfeilspäne den Kraftwellen gemäß ordnet, so schafft der Geeinte ohne Eingriff, Befehl und Verordnung durch sein bloßes Zugegensein Ausgleich und Ordnung. Wie ein Katalysator bei chemischen Vorgängen durch sein Dabei=Sein Wandlungen bewirkt, selbst aber unverändert bleibt, so bewirkt der Tao=Geeinte im Bereich des Lebendigen Einmütigkeit und Einklang, selbst unverändert bleibend – unvergänglich, auch im Tode nicht der Auflösung verfallend, sondern unberührt und ungeteilt er selber bleibend ...

Eben weil er selbst=gelassen bleibt und unbewegt – gleich den Stillen im Lande, die schweigend und ohne hervorzutreten das Notwendige tun und von innen her Not der Gemeinschaft wie eigene Not wenden –, wird er zum Beweger und Wandler von innen her. Weil ihm Geben und Empfangen wie Einatmen und Ausatmen *eins* sind, weil er nur noch Strombett der Kraft von oben, Werkzeug des Tao ist, wirkt er Segen für alle.

So ist des Gelassenen Tugend – *Teh* – Tugend des Tao. Sie ist jene Eigenschaft des Tao=Geeinten, der das Eigenschaffen des TAO, selbst=gelassen, sich durch sich entfalten und unablässig durch sich wirken läßt: Tun durch Nicht=Tun.

Teh – Tugend – als Weg zum Tao ist, wie Tao selbst, nicht durch ein einzelnes Wort umspannbar: *Tugend* heißt rechte Haltung und rechtes Verhalten, Weisheit der Gelassenheit, rechtes Ausgerichtetsein auf TAO, das Gerechtigkeit und Rechtschaffenheit ebenso einschließt wie Selbstlosigkeit und Maßhalten, Starkmut und Gleichmut – jene Eigenschaften des Weisen, deren Vollendung in ihrer Selbstverständlichkeit und Unbewußtheit liegt.

So gesehen, ist *Teh* – Tugend – *Tao* in seiner Entfaltung und Auswirkung: Ausdruck des Tao, Merkmal des Tao=Geeinten, der, eben weil er der Einheit aufgeschlossen und hingegeben ist, ohne Unterrichtung *weiß*. Zum Quell der Weisheit geworden, wird er zum Nährer und Erhalter der Wesen um ihn.

Aber weil er selbst-gelassen und selbst=los ist, hält er sie nicht und lehrt sie, nicht ihm anzuhängen und von ihm abzuhängen, nicht Werkzeuge seines Willens zu werden und damit *sich selbst im Wege zu stehen*, sondern, gleich ihm, ihrer inneren Einheit und Freiheit inne zu werden und, des Gelassenen Tugend übend, *sich selbst zum Wege zu werden*.

## 11. NUTZEN DES NICHTS

Dreißig Speichen treffen sich in der Nabe /
Doch erst der Leerraum / das Nichts / in der Nabe
bedingt den Nutzen des Rades.

Ton knetend / formt man daraus Gefäße /
Doch erst ihr Hohlraum / das Nichts /
ermöglicht die Füllung.

Aus Mauern / durchbrochen von Türen und Fenstern /
baut man ein Haus /
Doch erst sein Leerraum / das Nichts /
gibt ihm den Wert.

Das Sichtbare / das Seiende /
gibt dem Werk die Form.
Das Unsichtbare / das Nichts /
gibt ihm Wesen und Sinn.

Wie in allen seinen Sprüchen sagt Lao=Tse auch mit diesem mehr, als sich in Worte kleiden läßt. Das geäußerte Wort ist nur Hülle; des Wesentlichen, das es birgt und verbirgt, wird nur der Besinnliche im Nachsinnen inne.

Was Lao=Tse uns bewußt machen willen, ist dies: daß das Innere, das Unsichtbare, das *Nichts* das Wesentliche ist, das dem sichtbar Seienden erst Sinn und Wert verleiht.

Sein schließt Raum ein. Raum schließt Leere ein. Leere ist Nicht=Sein. Ohne das Nichts keinen Raum; ohne Raum kein Da=Sein. So ist das Nichts aller Dinge Bedingendes, das Innenhafte des Sinnenhaften.

Was immer die Sinne uns vom Sein sagen, ist trügerisch und relativ; das Innere, das Nichts, ist wahr und absolut. Doch um das zu erkennen, muß man nach innen gehen und nach innen sehen. Blicke darum nicht auf das, was sich wandelt und verwest, sondern suche das Wesen! Sieh in den Dingen nicht die Erscheinung, sondern das von ihnen Umhüllte und Verborgene, in den Tieren nicht die Mannigfaltigkeit der Formen, sondern das gemeinsame Eine Leben, in den Menschen nicht die Leibesgestalt, sondern den gestaltenden Geist, im Universum nicht die sinnfällige Vielheit, sondern die unsichtbare Einheit! Denn im Nichtsichtbaren liegt alles Sichtbaren Sinn.

Daß die Dinge Umkleidungen des Bedingenden sind, das nur den Sinnen ein Nichts ist, macht die Dinge erst sinnvoll und nützlich. Ohne seinen Leerraum könnte ein Haus weder Licht noch Luft, weder Menschen noch Möbel bergen. Erst das Nichts, das die Wände umschließen, macht den Raum verwendbar. Erst das Nichts, das sie bergen, erst das Wesen, das in ihnen haftet, macht die Formen wesenhaft.

Man spricht in der Meßkunst vom ‚lichten Raum', von der ‚lichten Weite'. Wohl dem, der in der Weite des Raums das Licht gewahrt und des Wesens inne wird!

Denn nicht durch ihr Dasein, ihr Sein, ihr ‚Ich' erfüllen die Dinge und Wesen ihre Bestimmung, sondern durch ihr *Nichts*. Das Seiende als solches ist nichtig; das Nichts aber *ist*, weil es das *Über=Seiende* ist. In dieser Einsicht und Eins=Sicht — der Sicht des Einen, das *ist* — deckt sich das ‚Nichts' Lao=Tse's mit dem ‚Nirwâna' Buddhas und dem ‚Überseienden Nicht=Sein' Meister Eckeharts.

Dieses *Nicht-Sein* ist es, aus dem alles Sein entspringt, wie es in jeder Schöpfungsgeschichte wahrheitsgemäß heißt, daß die Welt aus dem Nichts hervorging. Dieses Nichts ist es, das im Seienden, nicht=seiend, als das Wesentliche waltet.

Von diesem Wesentlichen können wir — wie von unserem eigenen innersten Wesen — nur aussagen, was es nicht ist. Um dessen *inne* zu werden, müssen die Sinne schweigen. Erst wenn unser Bewußtsein, in der Versenkung, leer wird, schenkt sich uns die Fülle des Gewißseins. Erst wenn die vergänglichen Lichter des Menschenwissens verlöschen, kann das ewige Licht der Göttlichen Weisheit uns erleuchten. Sind die Sinne gebändigt, enthüllt sich uns der Ewige Sinn.

## 12. WENDUNG NACH INNEN

Zu grelles Licht gefährdet das Sehen /
Übermäßiger Lärm betäubt das Gehör /
Zu stark Gewürztes verdirbt den Geschmack /
Übergroße Erregung stumpft das Gefühl /
Gier nach Genuß tötet das Erkennen.

Darum der Erwachte:
Er wendet sich nach innen und gebietet den Sinnen.
Er läßt fahren / was vergeht /
Und ergreift / was besteht.

Mit diesem Weisheitsspruch setzt Lao=Tse die im elften Spruch begonnene Unterweisung fort:

Hinter der zutageliegenden Wahrheit, daß alles, was über=trieben wird, zum Gegenteil und Nachteil führt, daß jedes All=zuviel ungesund ist, liegt die tiefere Einsicht, daß jede Hingabe an die Körpersinne die entsprechenden Seelensinne lähmt und stumpft, während jede Hinwendung nach innen die inneren Sinne weckt und verfeinert und die Macht der äußeren Sinne verringert.

Was sein Wort uns bewußt machen will, ist dies:

Wer auf den äußeren Schein blickt, wird blind für das in=nere, geistige Sein. Wer auf die Stimme der Leidenschaft hört, wird taub für das innere Wort. Wer nur nach äußerer Habe trachtet, wird, weil er den inneren Halt läßt, ungelassen und unfähig zum Empfangen wie zum Halten . . . Darum achtet der Weise das Vergängliche gering und findet, indem er nach dem Unvergänglichen greift, Halt in dieser wie in der anderen Welt.

Im chinesischen Original umschreibt Lao=Tse die Gier nach Genuß anschaulich durch das Doppelbild des Pferderennens und der Jagd, das die besinnungslose Hast und Hetze allen

Habenwollens, das Jagen und zugleich Gejagtsein des Gierenden, die Besessenheit des vermeintlich Besitzenden symbolisiert:

Entfesselte Gier ist so wild und unberechenbar wie ein durchgehendes Pferd. Jede äußere Befriedigung mindert den inneren Frieden. Denn da mit dem Besitz der Verlust untrennbar verknüpft ist, folgt der Lust das Leid, und Leid treibt nach neuer Lust. Diese wilde Jagd endet erst der Tod oder – die jähe Besinnung und *Wendung nach innen*, die die Sinnenhaftigkeit und Gier endet und vom Leid zur Erlösung, zur Heilung, zum Heil führt.

Mit anderen Worten: Alle Sinnenbetätigung drängt nach Übermaß. Übermaß schadet den Sinnen und verriegelt den Zugang zum Innen. Unterbrechung der Verbindung mit dem Innen macht zum Sklaven der Sinne, macht unbesinnlich, ruhe- und haltlos . . . Aber diese Not – sagt Lao-Tse –ist wendbar:

Bewußte Wendung nach innen führt zur Beherrschung der Sinne. Sinnemeisterung leitet zur Besinnlichkeit. Besinnlichkeit ermöglicht die Sinn-Erfüllung des Daseins. *Wer in sich geht, vergeht nicht.*

Das den Sinnen Zugängliche ist das Vergängliche, Verwesliche, Unwirkliche. Das den Sinnen Unzugängliche ist das Wesentliche, Unvergängliche, Wirkliche. Nur von dorther ist Sinnenbeherrschung möglich. Und erst nach Bändigung der Sinne enthüllt sich dem Besinnlichen der ewige Sinn.

Wie erst der Leerraum eines Gefäßes seine Füllung und damit die Erfüllung seines Sinns ermöglicht, so führt erst die Entleerung unseres Bewußtseins vom Trug und Drang der Sinne, erst die Wendung nach *innen*, zum Erwachen der Seele. Je leerer vom Außen, desto erfüllter vom Innen: vom TAO.

Damit verweist Lao-Tse den Wahrheitssucher auf den Weg der Stille, Meditation und Kontemplation, der über die Meisterung der Sinne zum Wachwerden für den übersinnlichen Sinn des Seins führt. Wagen wir diese Wendung von den Sinnen zum Innen, dann finden wir vom äußeren Sehen zum inneren Erkennen, vom bloßen Vernehmen zur wesensbewußten Vernunft, vom ruhelosen Bewegtsein zur Gelassenheit des Unbewegten, vom Trachten nach dem Vielen zum Einsseins mit dem Einen.

## 13. FREISEIN VOM ICH

Ruhm und Schande sind gleich leidvoll /
Glück und Unglück gleichen dem Ich.

Was heißt das?

Erlange den Ruhm / und du fürchtest seinen Verlust /
Verliere den Ruhm / und dich schreckt die Schande.
Beide begleitet die Angst /
beide sind Quellen des Leids.

Gleichermaßen:
Glück und Unglück kommen vom Ich /
Treffen das Ich / begleiten das Ich.
Darum heißt Freisein vom Ich
Freisein von Schande wie Ruhm /
von Unglück wie Glück /
Freisein vom Leid.

Denn Ichheit ist Begrenztheit /
ist Bindung an Leid und Weltverlorenheit /
Allheit ist Einssein mit dem Unbegrenzten /
Ist Leidüberlegenheit und Weltüberwindung.

Lao=Tse setzt mit diesem Spruch die Hinweisung auf den *Weg nach innen* fort, der vom Trachten nach dem Vielen zum Einssein mit dem Einen führt, indem er uns die Beengtheit, Angst= und Leidgebundenheit dessen bewußt macht, der Ich und Selbst, Ichheit und Allheit noch nicht zu unterscheiden weiß.

Furcht ohne Ende quält und jagt den, der nach Ruhm ver= langt und zu Ruhm gelangt, weil er nie weiß, wie lange er ihm bleibt. Furcht erfüllt den, den der Ruhm verließ, weil er nicht weiß, wie tief die Schande ihn stürzt. So sind Ruhm wie Schande unlösbar an die Furcht gefesselt – und die Furcht an das Leid.

Gleiches gilt für jeden Gewinn und jeden Verlust, Lust wie Unlust.

Doch wenig Wert hat der Rat, den Ruhm zu meiden, wie man die Schande flieht, oder den Besitz zu verachten, wie man das Armsein fürchtet. Denn nicht der Besitz belastet durch das Gefesseltsein an Lust, Verlust und Unlust, sondern das gier=hafte Besessensein. Nicht der Mangel läßt leiden, sondern das Habenwollen. Besessenheit und Gier aber entquellen der Haf=tenssucht des *Ich*.

Solange das Ich regiert, herrscht die Gier.

Darum rät der Weise, Dich vom Ich zu lösen – – nicht durch Abwehr und Widerstehen, sondern durch die gelassene Wen=dung nach innen: durch Selbst=Besinnen und Erkennen des göttlichen Selbstes in Deinem Innern. Je heller das Licht des göttlichen Selbstes in der Ichhingabe aufflammt, desto rascher entweicht die Finsternis des Ich.

Aller Enge und aller Ängste Born ist das Ich.

Solange ich nur als *Ich* fühle, bleibe ich – im Mangel wie im Reichtum, auf dem Gipfel des Ruhms wie im Abgrund der Schande – ein Sklave der Furcht. Wer vom Ich getrieben wird, ist an die Welt gefesselt. An die Welt gefesselt, ist er von jeder Veränderung abhängig. Abhängig, ist er dem Leid unterworfen.

Um vom Leide *frei* zu sein, muß er des Iches Herr werden. Des Iches Herr wird nur, wer sich auf sein *Selbst* besinnt und zum All=Selbst erwacht. Zum All=Selbst erwacht, steht er über dem gierenden Ich und jenseits des Leids.

Denn wie er sein Ich wertet, wertet er die Welt. Wo keine Ruhmsucht mehr, da keine Schande. Wo kein Lustverlangen, da keine Unlust. Wo kein Gewinn, da kein Verlust. Das Kom=men und Gehen der Dinge läßt den Gelassenen unbewegt. Im Allgeeinten ist Ruhe und Geborgenheit.

*Ichheit* bedeutet Abhängigkeit und ist des Menschen un=würdig. *Selbsterwachtheit* bedeutet Freiheit – als der allein dem

Menschen angemessene Zustand der Weltüberlegenheit und Leidenthobenheit.

Der Selbsterwachte wertet das Ich und den Körper, den Besitz und die Welt als etwas seinem innersten Wesen Ungemäßes, weiß sich ihnen überlegen und wird sie, solange er im Leibe weilt, weise benutzen und pflegen, wie ein guter Verwalter die ihm anvertrauten Güter hütet, ohne nach ihnen zu gieren – in der frohen Gewißheit, ihrer eines Tages ledig und *frei* zu sein.

Dem Selbsterwachten ist die Welt wie sein Ich: weil er ichlos geworden, wird ihm die Macht und Herrlichkeit des Reiches anvertraut. Vom Haften frei, steht er über der Welt – beherrscht die Welt.

So leben heißt weise leben.

## 14. HEIMKEHR ZUM EINEN

Nicht / wer nach ihm sucht und ausschaut /
sondern wer die Augen schließt /
wird des Unsichtbaren gewahr.
Nicht im Hinhorchen und Hörenwollen /
sondern im gelassenen Schweigen
wird das Lautlose vernehmbar.
Nicht im Erfassen= und Greifenwollen /
sondern im Gefaßtsein und Lassen
enthüllt sich das Unbegreifliche.

Diese drei soll man nicht tun / man muß sie *sein* /
um des Einen inne zu werden und zu ihm
zu entwerden.

Von außen her ist TAO unerhellbar / Innen ist Helle.
Dem Da=Seienden ist er ein Nicht=Sein /
dem Nicht=Seienden ein Über=Sein:
das Sein hinter dem Schein /
der Geist jenseits der Form /
das Unbewegte vor und hinter aller Bewegung.

Unerhellbar ist sein Anfang /
unerkennbar sein Ausgang und Ende /
Doch wer weder zurück noch in die Ferne schaut /
sondern / inne haltend /
zur Allgegenwart des *Jetzt* erwacht /
der entschwingt sich dem Kreislauf des Werdens
und Vergehens /
und kehrt heim zum EINEN.

Lao=Tse's Weisung nach innen, zum Freisein von Ich und Welt, Haftenssucht und Leid, findet ihre Krönung in der Sicht=barmachung des hohen Ziels – der Heimkehr zum EINEN – und des Weges dorthin: des Weges nach innen.

TAO – sagt er – kann man nicht sehen, nicht hören, nicht fassen. Im Grunde – fügen wir hinzu – vermögen wir nicht einmal die scheinbar so sinnennahe Materie zu fassen. Denn bei näherer Untersuchung löst sie sich in Atome auf, und diese wieder bestehen aus Elementarteilchen – von den Elektronen, Protonen und Neutronen bis zu den Mesonen und Negatronen. Diese sub=atomaren Elementarteilchen aber haben keine ma=terielle Realität mehr: sie sind nicht mehr Stoff, sondern En=ergie – und als solche unsichtbar, unvernehmbar, unfaßbar . . .

. . . Gleichermaßen ist die Seele unsichtbar, unvernehmbar, unfaßbar, weil sie – als göttliches Elementarteilchen – Energie ist . . . Und wie will, wer nicht einmal die Materie, geschweige denn die Seele in ihrem Wesen zu ergreifen und zu begreifen vermag, TAO erfassen!

Wir sehen und fassen auch nicht den Strom des Geschehens. Wir gewahren nur die einzelne Welle des Da=Seins: wir selbst sind die einzelne Welle, die sich von Augenblick zu Augenblick wandelt, solange Vergangenheit, Zukunft und Gegenwart für uns noch nicht zu *einem* geworden sind . . .

*„Diese drei"*, die *eins* sind, von denen Lao=Tse spricht (im Chinesischen: Jî, Hi und Wêi) können, wie der taoistische Phi=losoph Hô=Schang=Kung im zweiten Jahrhundert vor Christi Geburt schrieb, „nicht ergriffen und begriffen werden: das *Un=sichtbare,* weil es ohne Form und Farbe ist; das *Lautlose,* weil es ohne Ton und Stimme ist; das *Unbegreifbare,* weil es kör=per= und gestaltlos ist. Es kann nicht durch Forschen und Fragen vergegenständlicht, nicht durch Worte verlautlicht werden: man muß es *in der Stille empfangen,* muß es im Geiste suchen", um in der Hingabe von ihm erfüllt und erleuchtet zu werden.

Dem Tieferblickenden erweist sich jede Weisung Lao=Tse's als ein unausschöpfbarer Weisheits=Quell. Den nach außen ge=richteten Verstand muten seine Worte dunkel und schwer ver=

ständlich an; der nach innen schauenden Vernunft erhellen sie wesenhafte Zusammenhänge. . . .

Eben weil jeder Name, jede Benennung eine Verhüllung des Wesentlichen, nicht seine Aufhellung bedeutet, dienen den Mystikern in Ost und West (ein Mystiker ist der, der die Körperaugen schließt, damit das innere Auge des Geistes sich öffne!) oft *Verneinungen* als Mittel der Annäherung an das ‚Ganz-anders-Sein' der geistigen Wirklichkeit. Sie wollen damit klar machen, daß alles das, was unsere Sinne uns für wahr halten lassen, hier *nicht* gilt, daß alle Prädikate, die dem TAO beigelegt werden, vom Wesentlichen wegführen. Darum: Nicht-Gestalt, Nicht-Bild, Nicht-Form, Nicht-Sein . . .

Sowie man aber ‚diese drei' nicht sucht, sondern *ist*, wird aus Dreiheit *Einheit:* die Einsheit von Erkenner, Erkenntnis und Erkanntem. Alsdann ist nichts mehr dunkel und ungewiß, sondern alles hell und gewiß: im Zustand des Einsseins schaut, vernimmt und begreift TAO in uns den innersten Grund der überseienden Wirklichkeit des kosmischen TAO.

Das ist der Sinn dieser Wegweisung:

Von außen her bleibt TAO unerkennbar, unvernehmbar, unbegreiflich. Auf dem Wege nach innen aber gelangen wir ins Helle, ins Licht der Gewißheit; zur Erleuchtung. Darum ist aller Weisen Weg ein Weg zum inneren Licht.

Außen ist Dunkelheit. *Innen ist Helle.* Wo das innere Licht aufflammt, ist nichts mehr unerkennbar und unbegreiflich. Alle Mystiker, alle Erwachten stimmen mit dem überein, was Jane Leade in diese Worte kleidete:

„Als ich mich in der Selbst-Besinnung und Meditation dem Höchsten hingab, da wurde mein Geist jäh in den innersten Grund des Seins eingesenkt, wo alles unbewegt ist und lautlos still, und wo es weder Form noch Bild gibt. Da war ein wunderbares Licht, das in mich strömte wie ein endloser Fluß. Da wurde mir offenbar in mir selbst, daß dies das *schöpferische Licht der Gottheit* ist, aus dem alle Dinge entspringen, und daß die Wiedergeburt, auf die wir hoffen, aus der Stille dieses Lichtes hervorgehen muß, dem sich unsere Seele gänzlich hingeben und überlassen muß, damit das Wunder der Wandlung und Einswerdung geschehe!"

Unwesentlich ist, ob wir den Quell des inneren Lichts TAO nennen oder Buddhi, Buddha oder den Christus in uns, der von sich sagen kann: „Ich bin das Licht der Welt", weil seine Heimat die Welt des Lichts ist. Wesentlich ist nur, daß wir in dieses Licht eingehen und daß es in uns aufgeht und die Finsternis des Ich in der Helle des Göttlichen Selbst entwird. Das meint Lao-Tse: TAO soll man nicht suchen und ergründen wollen; man muß das Unergründliche *sein*.

„Unerhellbar ist sein Anfang": Die Tiefen des TAO sind so unauslotbar wie der Grund der Seele, für den Meister Eckeharts Wort gilt: „Seelengrund und Weltengrund sind eins." Denn beide sind TAO. Das erkennt, wer ‚zur Allgegenwart des *Jetzt* erwacht', zum „ewigen Hier und Jetzt", das Jakob Boehme meint: „Wem Zeit wie Ewigkeit und Ewigkeit wie Zeit, der ist befreit von allem Streit."

Warum befreit?

Weil wir im Erwachen zum ewigen *Jetzt*, im Einssein mit dem Einen nicht nur die Ursachen des Heute erkennen, die durchgehenden Fäden des Schicksals, die Leben mit Leben — die Tropfen einer einzelnen Welle im Strom des Geschehens — ursächlich verknüpfen, sondern auch das ununterbrochene Dahinfließen des Lebensstromes, seinen Ursprung und sein Ende, und weil wir uns — im Erwachen zum Wandellosen — dem Strom des Werdens und Vergehens entschwingen und heimkehren zum *EINEN*.

Zum Einen heimgekehrt, sind wir der Zweiheit, dem Zwiespalt und dem Zwang der Notwendigkeit, dem Zwielicht des Lebens und Sterbens, der Zeit- und Notgebundenheit irdischen Da-Seins enthoben.

Im Einssein mit dem TAO löst sich der Bann der Vergangenheit, der die Gegenwart überschattet und die Zukunft vorausbestimmt. Die Fäden des Schicksals, des Weltgewebes des Karma, zerreißen und werden nicht mehr neu geknüpft. Der Strom hat zum Urmeer und damit zu seiner Quelle heimgefunden. Der Kreis ist geschlossen.

## 15. VORBILD DER WEISEN

Die alten Weisen waren Meister der Versenkung
und eins mit dem Einen.
Unergründlich war ihre Tiefe /
unwahrnehmbar ihre Größe.

Ohne hervorzutreten / wirkten sie aus der Stille:
Sie traten behutsam auf /
als gelte es / einen angeschwollenen Fluß
zu durchwaten.

Sie waren achtsam /
als gelte es / niemandem wehe zu tun /
Zurückhaltend / wie Gäste aus der Fremde /
Nachgiebig / wie Schnee in der Sonne /
Unauffällig / wie unbehauenes Holz /
Willig und aufgeschlossen / wie ein tiefes Tal /
Und doch dunkel und undurchschaubar /
wie trübe Flut . . .

Wer bringt das Trübe zur Klärung und erhellt
das Dunkel?
Der / der in Stille und Schweigen sich selbst klärt
und durchlichtet.

Und wer erweckt den Bodensatz /
ohne ihn aufzurühren / zum Leben?
Der Tao=Geeinte / der lassend Leer=Gewordene.
Weil er selbst=los ward / spendet er Leben.

Nicht mehr harrt des Kommens der Fülle /
wer zur Vollkommenheit fand.

Dem Weltmenschen, dessen Blick nicht in die Tiefe dringt, sondern an der Oberfläche haftet, bleiben die Weisen unerkennbar und verborgen.

Damit der Wahrheitssucher die Weisen der Vergangenheit und Gegenwart als solche erkenne, macht Lao-Tse ihre Besonderheit bewußt – in unmißverständlicher Abgrenzung gegenüber jenen, die sich selbst als Meister und Weise anrufen lassen, ohne erleuchtet und berufen zu sein ...

... Wer von sich selbst erfüllt ist und sich selbst predigt, ist Gottes leer und von Vollkommenheit fern. Er stellt sich auf einen Berg und macht sich groß, um weithin sichtbar zu sein, indes der wahre Weise sich leer macht wie ein Tal und frei vom Schein, damit das Sein sich offenbaren kann.

Damit der Wahrheitssucher hier nicht irregehe, ruft Lao-Tse ihn zur Wachsamkeit und zeigt – an die letzten Worte des vorigen Spruchs anknüpfend –, wie sich das Erwachen zur Wirklichkeit im Verhalten des Weisen offenbart:

Der Weise lebt in der Welt, ohne in ihr aufzugehen. Damit die Augen der Erwachenwollenden nicht vom Licht der Wirklichkeit geblendet werden, tritt er im Gewand der Unscheinbarkeit auf und verhilft den Suchenden ebenso behutsam wie gelassen zur Erneuerung – bis sie so weit sind, daß ihre Innerlichkeit sie vor dem Aufgehen in Äußerlichkeiten bewahrt.

Was Lao-Tse als Kennzeichen der Weisen aufzeigt, gilt für ihn selbst wie für jeden Mystiker und Erleuchteten. Sie wissen: Außen ist Schein, Innen Sein. Was außen groß ist oder scheinen will, ist innen klein und bedeutungslos. Was in der Innenwelt leuchtet, hüllt sich in der Außenwelt in den Mantel der Unscheinbarkeit. Diese Verborgenheit des Weisen ist Ausdruck seiner All-Geborgenheit und Gott-Unmittelbarkeit.

Äußere Größe, Macht und Fülle bedeuten dem nichts, der alle Fülle und Vollendung in sich weiß.

Wenn wir noch tiefer blicken und auf frühere Worte des Weisen zurückgreifen, erkennen wir, daß die Kennzeichen der Weisen auch die Merkmale des TAO sind – und zugleich die Eigenschaften, die der Wahrheitssucher aus sich entfalten soll, um zum Einssein mit dem TAO zu gelangen.

So weist uns Lao=Tse abermals auf den Weg, den die Weisen aller Zeiten und die Stillen in allen Landen gingen und gehen, deren Wirken tiefer greift und weiter reicht als die lärmende Geschäftigkeit der Betriebsamen.

Nur auf dem Wege nach innen, dem Weg der Heimkehr zum Einen, finden wir — jenseits allen Wissens und Wähnens — zur Weisheit. Weise geworden, ist uns das Verhalten der Weisen nicht länger unerklärlich, ihre Größe nicht mehr unwahrnehmbar. Aus uns selbst heraustretend und lassend leer geworden, werden wir von TAO Erfüllte, vom Licht der Gottheit Erleuchtete.

Um erleuchtet zu werden, müssen wir das ‚Trübe' in uns — die Ichbesessenheit und Selbstsucht — in der Ruhe und Gelassenheit der Kontemplation zum Niederschlag bringen und uns, gleich dem Gral, mit dem klaren Wasser des Geistes, der göttlichen Weisheit, erfüllen lassen. Aus dem Erwachen zum inneren Licht erblüht das neue Leben, das auch den ‚Bodensatz', den alten Menschen, ergreift und erneuert.

Alles Licht kommt aus der Tiefe. Alle Erleuchteten schauen jenseits der täuschenden Oberfläche der Sinnenwelt und Weltgeschäftigkeit die unbewegte Gottestiefe der Innenwelt.

Alles Große wächst aus der Stille. Alle Großen wirken aus dem Verborgenen. Weil sie um den Sinn des Daseins wissen, zu ihrer Sendung erwacht sind, lassen sie sich nicht mehr vom Äußeren verleiten, sondern von innen her leiten. Weil sie nicht mehr, sich selbst suchend, der Selbstsucht Verhaftete und Versuchte sind, sondern, der Selbstheit ledig und ‚leer wie ein Tal', zum Gottselbst gefunden haben und von ihm erfüllt sind, hindert kein Eigen=Sehen, =Hören und =Wollen sie mehr, in allem Tao zu sehen und zu hören und den Willen des TAO zu erfüllen.

Gott=Gelassene, bewirken sie ohne Eigenwirken, daß sich innen wie außen alles zum Besten anläßt. Von Eigen=Tun und Eigentum frei, leben sie aus der Fülle und erfüllen, ohne hervorzutreten, alles mit neuem Leben.

## 16. SCHLIESSUNG DES RINGS

Aller Ichheit entleert /
ruhst Du im schweigenden Urgrund des Selbst.

Alles Lebendige quillt zur Entfaltung /
Alle Wesen schreiten durch Wandlung,
Vergehen und Wiederkehr
und wenden / entwerdend / sich wieder zur Wurzel.
Zurückwendung zur Wurzel heißt Rückkehr
zur Ruhe /
ruhen heißt heimkehren zu seiner Bestimmung /
seine Bestimmung erfüllen heißt seiner Dauer
inne werden /
seiner Dauer bewußt sein heißt erleuchtet sein /
sie verkennen heißt im Kreislauf der
Nichterkenntnis und Leidgebundenheit verharren.

Wer seiner Unvergänglichkeit inne ward / ist weise.
Weise / ist er gerecht.
Gerecht / ist er gelassen.
Gelassen / ist er himmlischen Wesens.
Himmlischen Wesens / ist er Tao=geeint.
Tao=geeint / ist er ewig.
So schließt sich der Ring.

Der Ewigkeit seines Selbstes gewiß /
läßt ihn gelassen des Leibes Verlust.

Zur Erkenntnis der Unberührtheit unseres innersten Wesens von Wandel und Weh, Tod und Verlust weist Lao=Tse.

Wurde im vierzehnten Spruch der Weg der Heimkehr zum Einen sichtbar und im folgenden sein Beschreiten mit dem Hinweis auf das Vorbild der Weisen leicht gemacht, so wird hier das Ergebnis rechter Einwärtswendung — die Rückkehr zum Ursprung, die Schließung des Rings — in den Mittelpunkt des Bewußtseins gerückt.

*„Aller Ichheit entleert"*, gelangen wir in der Unbewegtheit der Stille zur höchsten Gewißheit: wenn wir alles von uns tun, was nur Maske des Ich ist, also nicht wesenhaft zu uns gehört, gelangen wir zum Selbst. Gleiches meint Meister Eckeharts Wort: „Wenn Du alles von Dir wegtust, was nicht Gott ist, so bleibt nur noch Gott übrig." Alsdann durchschaust Du mit den Augen des göttlichen Geistes den Kreislauf der Wesen und erkennst hinter dem immerwährenden Werden und Vergehen, das die Unerwachten mit dem Grauen der Ungewißheit, Verlassenheit und Einsamkeit erfüllt, den einen gemeinsamen Ursprung: den unbewegten Licht-Urgrund Gottes.

Ichverhaftung — lehrt Lao-Tse — gebiert Ichsucht. Ichsucht aber führt zur Selbst-Entfremdung. Selbst-Entfremdung entfernt uns vom Ursprung, vom Wesen, und bindet uns an den Kreislauf des Werdens, Leidens und Vergehens.

Die Unerwachten sehen nur die sich wandelnden Formen, in denen das Göttliche Selbst sich myriadenfältig offenbart. Der Weise, der Ichentleerte und zur Wirklichkeit Erwachte, schaut hinter den Offenbarungen den Unoffenbaren, hinter den Masken das Wesen: den in TAO wurzelnden und heimkehrenden *Geist*. Er weiß, daß allen Werdens Ziel jenseits des Werdens liegt: im Wandellosen. In der Ichentäußerung und Abgeschiedenheit der Selbstversenkung wird ihm gewiß, daß sein Selbst im Wandellosen wurzelt und daß es gilt, zum vollen Bewußtsein seines Einsseins mit dem unbewegten Urgrund des TAO zu erwachen. Erwacht, entschwingt er sich dem „Kreislauf der Nichterkenntnis und Leidgebundenheit", in dem die Ichgeblendeten verharren. Weil er im Ewigen ruht und zum Wahrer der Stille ward, ist er unbewegt. Unbewegt geworden, hat er seine Bestimmung erfüllt.

Für den, der sehen will, macht Lao=Tse hier noch einmal die Stufen der Erleuchtung auf dem Weg nach innen sichtbar: vom Ruhen in der Stille des Ewigen bis zur Selbst=Besinnung, von da zur Erfüllung der Bestimmung, zum Innewerden der Dauer, zur Erleuchtung und Weisheit, zur all=liebenden Gelassenheit, zur Gotterfülltheit und zum Einssein mit dem Ewigen.

Mit dem Ewigen eins, der Ewigkeit seines Selbstes und des Selbstes in allen Wesen gewiß, wird der Weise allen gerecht. Wie die Sonne allem Leben in gleicher Fülle ihr Licht schenkt, wird er allen Suchenden zur lichtspendenden Sonne, selbst aber — gleich dieser — allem Irdischen unerreichbar, allem Vergehen enthoben . . . Zur ‚Sonne' geworden, ist er ‚himmlischen Wesens', Tao=erfüllt, Tao=geeint: Träger unverweslichen Lebens, ewigen Seins.

Wer, gleich dem Weisen, inmitten der Vergänglichkeit seiner *Natur* der Unvergänglichkeit seines *Wesens* inne ward, der lebt fortan gestillten Herzens, gelassen und duldsam. Weil er ich= und wunschleer ward, ist in seinem Herzen Platz für alle Wesen, in denen er nicht mehr das Vergängliche, sondern das Dauernde — sein eigen Selbst — sieht.

Die Frohe Botschaft des ‚Alten Weisen' verheißt *jedem* Wesen die Erreichung dieses Vollendungszieles, weil jedes mit seinem innersten Gott=Kern im Ewigen wurzelt und nur seines Ewigseins, seiner Unvergänglichkeit inne werden muß. Zu solchem Innewerden muß es sich nach innen wenden. Je tiefer innen, desto mehr Licht, desto näher dem Erwachen zur Wirklichkeit!

*„Du ruhst im schweigenden Urgrund des Selbst"* — — des einzig Beharrenden im ewigen Wechsel, der Dich nun nicht mehr mit Unruhe und Sorge erfüllt. Weil Du der Unbewegtheit und Ewigkeit Deines Selbstes gewiß bist, kann Dich auch des Leibes Verlust nicht mehr schrecken. Nicht mehr ein *Ende* ist Dir das Grab, sondern nur mehr ein Meilenstein auf Deinem Wege vom Ursprung zur Vollendung — — vielleicht der letzte Meilenstein, wenn Du zum Erwachen bereitet und bereit bist . . .

## 17. WEISHEIT DER FÜHRUNG

Wahrhafte Führer werden kaum verspürt /
weniger vollkommene finden Anhang und Verehrung /
mindere erwecken Furcht und Abwehr /
unweise ernten Hohn und Verachtung.

Nur wer Vertrauen sät / erntet Vertrauen.

Der Weise wählt und wägt seine Worte.
Unwahrnehmbar dient er dem Guten
und führt zur Vollendung /
und das Volk fühlt sich frei.

Die vier Stufen der Führung entsprechen den Epochen der Menschheits=Entwicklung:

In der Frühzeit paradiesischer Unschuld waren Führung und Selbstführung eins. Die aus dem Flammenden Herzen der Gottheit herabgestiegenen Menschenseelen waren des inneren Lichts bewußt und ließen sich, frei von fremder Führung und Weisung, willig von innen her leiten ...

Je tiefer der Mensch aus den Reichen des Geistes in die des Äthers und des Stoffes gelangte und Weh und Wonne des Eigen=Wollens erlebte, desto sichtbarer trat an die Stelle des Gott=Selbst das Ichselbst ... Doch galten noch endlose Zeiten hindurch die Gotterfüllten und Erleuchteten als die berufenen Führer der Menschheit.

... Im Laufe der Äonen aber wandelte sich die Geborgenheit in der inneren Führung in fortschreitende Abhängigkeit von äußeren Führern. Im gleichen Maße traten an die Stelle der

Götter die Götzen, wurde das ein=mütige Vertrauen vom zwie=spältigen Zweifel und Argwohn überwuchert, und damit vom Unrecht . . .

Solange die Führer der inneren Ordnung und Lenkung folg=ten, wurden sie geliebt und gelobt und fanden Gefolgschaft. Doch in dem Maße, wie sie ihres Gott=Selbstes ungewiß wur=den und aus Allwillens=Geeintheit und Selbstzucht in Willkür und Selbstsucht absanken, aus der Hingabe in die Herrsch=Sucht, und die kosmische Ordnung, das All=Gesetz, durch menschliche Ordnungen und Gesetze ersetzten, stießen sie auf Unwillen und Furcht; später, weil der Pflichten und Abhängig=keiten immer mehr wurden, auf Widerstand und Abwehr; und schließlich, da sie sich selbst als halt=los erwiesen und die ich=süchtigen Wünsche der Geführten unerfüllt ließen, auf Hohn und Verachtung . . .

. . . Aber immer, wenn Unordnung und Willkür überhand=nahmen, immer, wenn – mit einem Wort Buddhas – „die Men=schen schlechter wurden und die Zahl der Gesetze zunahm, wenn die wahre Lehre, das Wissen um den Weg zur Vollen=dung, unterzugehen drohte, traten Erleuchtete als Führer und Lehrer unter die Menschen" – wie *Krischna,* der in der *Bhaga=vad Gita* von sich kündet:

„. . . Denn immer, wenn die Frömmigkeit
Zu wanken und zu schwinden droht,
Rechtlosigkeit ihr Haupt erhebt,
Werd' ich aufs neue stets gebor'n.

Zum Schutz der Guten zeug' ich mich
Und zu der Bösen Untergang.
Damit der Heilsweg werd' erkannt,
Erscheine ich von Zeit zu Zeit . . ."

Sie wußten um das göttliche Selbst im Menschen und ver=trauten seiner Fähigkeit zur Selbstfindung und Selbst=Füh=rung . . .

In wachsendem Maße fanden sie tätige *Nachfolger,* die, selbst=erwacht, gleich ihnen den Weg in die Freiheit gingen, aber auch weiterschlafende *Nachbeter*, die der befreienden Bot=schaft Ketten menschlicher Meinung und Ordnung anlegten und das Licht der Wahrheit trübten und verdunkelten, so daß die Menschen unfreier wurden statt freier . . .

. . . Aber da die Menschheitslehrer immer aufs neue wieder=kehren und mit dem Lichtstrahl ihres Vertrauens in immer mehr Menschenherzen den Willen zur Nachfolge wecken, wächst im Laufe der Zeiten die Einsicht, daß äußere Führung und Herr=schaft fesselt, wo sie Gehorsam fordert, während wahre Füh=rung, weil sie zur Selbst=Führung von innen her leitet, *frei* macht.

Dieser wahren Führung dient der Weise. Zu ihr leitet Lao=Tse, weshalb die Erwachten seines Volkes ihn Thái=scháng nannten: den vollendeten Führer, der durch sein Vorbild zu weiser Selbst=Führung anspornt.

Weise Führung bewirkt Selbstführung der Geführten und leitet zur Freiheit. Die weniger vollkommene bedarf der Zu=stimmung, während die unvollkommene als lästig empfunden wird und die unweise weder Gehör noch Gehorsam findet.

Weise Führung folgt der ewigen Ordnung des Alls und be=darf keiner zeitgebundenen Gesetze. Je unweiser, desto ferner der ewigen Ordnung. Je ferner der ewigen Ordnung, desto mehr Verordnungen. Je mehr Verordnungen, desto mehr Will=kür. Je mehr Willkür, desto mehr Ungehorsam. Je mehr Un=gehorsam, desto größer die Unordnung . . .

Weise Führung gründet nicht auf Verordnung, sondern auf *Vertrauen*. Weil die Kraft des Vertrauens die Geleiteten zum Lichte lenkt, zur Selbstdurchlichtung und Erleuchtung, führt sie zur Vollendung aller. Darin erweist sich ihre Weisheit: daß die Geführten gewiß sind, sich selbst zu führen.

Die weiseste Führung ist die, von der man kaum weiß, daß sie da ist. So wirkt die innere Führung: unmerklich lockt und lenkt sie den Menschen zum Göttlich=Guten, richtet ihn auf, wenn er stolpert und stürzt, und leitet seine Schritte erneut zum Rechten — — bis er der inneren Führung gewiß und zur Selbst=Führung fähig ist, selbst=ständig und frei.

## 18. ABKEHR VOM TAO

Vom Ursprung gelöst /
redet man von Menschenliebe und Gerechtigkeit.
Wo Weisheit der Klugheit weicht /
treten List und Lüge hervor.

Aus der All=Verwandtschaft und All=Bindung gelöst /
sucht man Ersatz in Menschen=Verwandtschaft
und Familienbanden.
Als das Bewußtsein der Einheit der
Menschheit schwand /
entstanden Sippen und Völker und Zwist ohne Ende.

In diesem und den folgenden Sprüchen macht Lao=Tse uns bewußt, was entsteht, wenn das Einssein mit dem Tao, die innere Verbundenheit mit dem Ursprung sich lockert und der Menschengeist sich mehr und mehr nach außen wendet:

Solange er mit dem Ursprung eins ist, sind Menschenliebe und Gerechtigkeit Selbstverständlichkeiten. Wo von ihnen *geredet* wird, sind sie es nicht mehr.

Solange die Weisheit des Tao=Geeinten regiert, sind Wahrheit und Lauterkeit Selbstverständlichkeiten. Wo sie *gefordert* werden, sind sie es nicht mehr. Weisheit entwird dann zu Klugheit, Lauterkeit zu List und Wahrheit zu Lüge.

Solange man seiner Tao=Verwandtschaft, seiner ‚Gottes=Kindschaft' bewußt war, gab es auf Erden nur einen Vater und Millionen Brüder und Schwestern. Seitdem diese Wahrheit, in der Blickwendung nach außen, verblaßte, gibt es viele Väter und immer weniger Brüder und Schwestern ...

Solange die Menschen ihrer All=Verwandtschaft gewiß waren, war die ‚Brüderschaft der Menschen unter der Vaterschaft

Gottes' eine Selbstverständlichkeit. Je mehr aber an die Stelle der Allheit die *Ichheit* trat, desto tiefer und mannigfacher ward die Spaltung in Einzel=Iche und Familien, Sippen und Stämme, Völker und Rassen, und desto lauter redete man von Kindes=pflicht und Elternliebe, von Bürgersinn und Staatstreue und tau=send Pflichten, die man ,*Tugenden*' heißt, seitdem sie – nach der Abkehr vom Tao – nicht mehr Selbstverständlichkeiten sind.

Als das Wort ,Tugend' entstand, war auch die Heuchelei da, und in der Folge wurden der Sittenregeln immer mehr . . .

Damit aus Tugend wieder Selbstverständlichkeit werde und die Unordnung in der Welt der Ordnung weiche, gilt es, zum Einssein mit dem Tao zurückzufinden. Wer zur Einheit heim=findet, ist allem Zwiespalt und Zwist enthoben: das ,Du' ist dann kein Gegensatz und Gegner mehr, sondern wieder das ,andere Ich'. Und das ,Liebe deinen Nächsten wie dich selbst' ist dann kein unerfüllbares Gebot mehr.

Gleiches meinte Christi Wort: „Es sei denn eure Gerechtig=keit größer als die der Pharisäer und Schriftgelehrten, sonst werdet ihr nicht in das Himmelreich kommen." Die ,Gerechtig=keit der Pharisäer' ist die der *Welt*, die nicht nach dem Sein, sondern nach dem Schein urteilt und die Menschen unfrei macht statt frei und unglücklich statt glücklich.

Die Gerechtigkeit, die Christus, Lao=Tse und alle zum Kos=mischen Bewußtsein Erwachten meinen, ist die Gerechtigkeit *Gottes* – des Gottes in uns –, die für immer frei und glücklich macht. Sie wird unser, wenn unser Auge nicht mehr zum klei=neren Teil auf Gott, zum größeren Teil auf die äußeren Dinge schaut, sondern *ein*=faltig geworden, also gänzlich auf Gott ge=richtet ist. Von da an wird unser Leib licht und unser Leben leicht. Von da an wissen wir wieder, daß alles Heil, alle Erlö=sung, alle Einheit und Fülle, alles Licht und alle Kraft in uns ist.

Sowie wir nach dem Höchsten trachten, nach Tao, dem ,Reiche Gottes' in uns, wird uns alles übrige von selbst zuteil.

Wo die Einheit verlassen wird, entstehen Teilung und Un=terscheidung, Teilwertung und Spaltung, Unordnung und Will=kür, Zwiespalt und Zwist. Wo die Einheit verloren ist, ist alles verloren. Wo aber das *Eine* gewonnen wird, ist alles gewonnen.

## 19. RÜCKKEHR ZUR ECHTHEIT

Hört auf mit eurer scheinheiligen Klugheit
und eurer berechnenden List /
und aller Wesen Wohl wird wachsen.

Hört auf / Menschenliebe und Gerechtigkeit
zu fordern /
und das Gewißsein des Einsseins wird gefördert.

Hört auf / der Macht= und Besitzlust zu frönen /
und die Diebes= und Verlustgefahr schwindet.

Diese drei werden nicht erreicht durch
Verordnungen und Gesetze /
sondern durch Rückkehr zur Echtheit und Einheit.
Darum: wandelt Selbstsucht in Selbstzucht
und erweist euch als lauter /
dann wird Selbstlosigkeit zur Selbstverständlichkeit.

Dieser Weisheitsspruch steht in unmittelbarem Zusammen=hang mit dem vorigen und dem nächsten und will zeigen, wie einfach es ist, die Unordnung der Welt in Ordnung zurückzu=verwandeln: Beginne mit der Ordnung des eigenen Selbst und wage den Schritt von der Ichverhaftetheit zur Selbstlosigkeit!

Als das Bewußtsein der Einheit schwand, nahmen der Zweifel — der Fall in die Zweiheit — und die Unterscheidung nach Maske und Ansehen, Rang und Reichtum und anderen Bedürf=tigkeiten ihren Anfang. Denn in der Einheit ist das Selbst un=bedürftig; mit seinem Fall in die Vielfalt wuchs seiner Bedürf=nisse Zahl — und mit ihnen wuchsen die Ängste und Sorgen und die Sucht nach Sicherung mittels Klugheit und List, deren

Wirkung sich so lange gegen das Selbst kehrt, bis es ihre Unechtheit und Unzulänglichkeit erkennt und nach dem Rettenden greift: nach der Geborgenheit des Einsseins.

Freien Willens haben die Menschen das Paradies gottkindlicher Einfalt, Einfachheit und Echtheit verlassen. Als sie die Selbstverständlichkeit rechten Lebens zu Klugheitsregeln und Sittengesetzen, Rechtsordnungen und Tugenden verfälschten, verkehrten sie ihr Eins- und Heil- und Heiligsein in Scheinheiligkeit und Heillosigkeit.

Darum nannte *Tschuang-Tse* die Tugenden den „Tod der angeborenen Güte des Menschenherzens", die allein den Menschen zur Echtheit und Einheit zurückgeleitet.

Jegliches *Fordern* von Menschenliebe, Gerechtigkeit und anderen ‚Tugenden' ist Ausdruck unserer *Selbst-Verdunkelung*, in der wir eben dadurch, daß wir das rechte Sein, Verhalten und Tun zur ‚Pflicht' machen und es in Gesetze und Satzungen, Gebote und Verordnungen fassen, verhindern, daß es als Selbstverständlichkeit hervortritt.

Wo immer der Geist der Selbstlosigkeit in die Gestalt von ‚Tugenden' gezwängt wird, erscheinen auch die Mißgestalten der Untugenden. Wo immer die ursprünglich allen gemeinsame Einheit und Echtheit verlassen wird, entstehen Zweifel und Verwirrung, Heuchelei und Falschheit; und die Gemeinsamkeit entwird zu Einzelsein, Einsamkeit und Gemeinheit.
Wo Recht gefordert wird, wird Unrecht geweckt. Wo Moral gepredigt wird, folgt Unmoral nach. Wo Gebote aufgestellt werden, wächst des Verbotenen Lockung und des Unechten Macht. Je weniger Verordnungen und Regelungen, desto müheloser ordnet und regelt sich alles von selbst . . .

Damit verwirft Lao-Tse Gesetz und Ordnung nicht an sich, sondern nur, soweit sie der Abkehr vom *Tao* — der ursprünglichen Ordnung des Alls — entsprangen, die Rückkehr zur Einfachheit und Echtheit verhindern und vom Suchen zur Süchtigkeit und Weltenirrfahrt führen statt zum Finden der Einheit, Allgeborgenheit und Fülle.

Das ist der Weg, den der Weise geht: er giert nicht nach Ansehen, Macht und Besitz und klammert sich nicht an die Welt, sondern lernt, vom Schein abzusehen und sich, innehaltend, an das zu halten, was allein Rückhalt gibt und zur Einheit leitet: den inneren Halt. Denn er weiß:

Wo Tao, das Eine, verlassen wird, da helfen keine Tugenden. Wer aber zum Einen zurückfand, steht über aller Tugend. Er bewegt durch Stillesein, überwindet durch Nichtwiderstehen, leitet durch Liebe, nimmt zu durch Güte, siegt durch Sanftmut und verwandelt durch Nicht-Tun.

## 20. ABSEITS DER MENGE

Ersetzt Wissen durch Weisheit /
und eure Unwissenheit und Sorge wird schwinden.
Meinen oder Gewißsein /
gewahrt ihr den Unterschied?
Der Gewohnheit oder dem Gewissen folgen /
spürt ihr den Unterschied?
Was alle ehren / soll man nicht mißachten.
Wie sonst soll der Seelen Verfinsterung enden?

Die Menge folgt ihren Lüsten und Wünschen /
als wäre das Leben ein Frühling und
Fest ohne Ende . . .
Ich stehe still / gelassen und wunschlos /
wie ein Neugeborenes / das noch nicht lächelt /
wie ein Heimatloser / den nichts mehr hält.

Die Menge hat vielfältige Bedürfnisse und Ziele /
ich bin unbedürftig /
weil unvermengten einfaltigen Herzens.
Die Menge wogt eilend dahin
gleich den Wellen des Meeres
und strahlt ob der Vielfalt des Wissens /
ich bin unbewegt und dunkel wie die Tiefe
des Meeres.

Die Menge ist geschäftig und jagt nach
dem Fortschritt /
ich bleibe / im Nicht=Tun / unvermengt und einsam . . .
Aber je unvermengter und einsamer /
desto näher dem All=Gemeinsamen /
desto näher dem mütterlichen Urgrund des Tao.

Wir befinden uns alle – Weise wie Unweise – in der Schule des Lebens. Aber lernen und erkennen ist zweierlei. Wer nur nach Wissen trachtet, wird nie weisheits=trächtig. Zu vieles ken=nen hindert das Erkennen. Die Vielfalt des Wissens stört die Einfalt des Herzens, die Selbst=Besinnung und das Innewerden der Weisheit. Diese ‚Verfinsterung der Seelen' endet erst, wenn in der Götterdämmerung des Wissens das Licht der göttlichen Weisheit in den Herzen aufgeht.

Darum gilt es, Wissen durch Weisheit zu ersetzen. Denn Wissen verleitet den Geist zum Umherjagen, während Weisheit ihm hilft, in Tao zu verweilen und in der Unbewegtheit des Selbst aller Dinge Bewegung bis ans Ende zu überschauen. Ge=lehrsamkeit findet trotz aller Spitzfindigkeiten nicht zum höch=sten Gipfel ein=spitzigen Denkens: zum unmittelbaren medi=tativen Erkennen der Wahrheit.

Nur *Weisheit* führt zum Begreifen des Seins: nicht noch schärferes Hinsehen, sondern das Absehen vom Anschein im Schließen der äußeren Augen, wie es der Mystiker fordert, der weiß, daß die Gottesweisheit – Taosophie oder Theosophie – die einzige Weisheit ist, die *mehr* als bloßes Wissen schafft.

Lao=Tse spricht hier vom *Dunkel* seiner Worte – und in der Tat hat kein Übersetzer ihn hier verstanden, obwohl seine Weisheit dem, der von der unruhigen Oberfläche und dem Spiel der flüchtigen Wellen wegsieht und in die Tiefe des Ozeans der Wahrheit hinabblickt, unmittelbar einleuchtet:

Dunkel nennt er sich, weil die Finsternis der Morgenröte, dem Erwachen des Lichts, vorausgeht. Dem, der sich von der Dunkelheit seiner Worte nicht beirren läßt, sondern willig die äußeren Augen schließt, damit das innere sich öffne, wird aus Dunkel Dämmerung, aus Dämmerung Helle, aus Helle Licht und aus Licht – *Erleuchtung.*

Wer tiefer schaut, sieht den Weisen lächeln. Seine Heiterkeit entspringt der Klarsicht, seine Klarsicht der Stille: weil der Spiegel seines Bewußtseins unbewegt ist, gibt er die Dinge unverzerrt wieder, ohne etwas für sich selbst zurückzuhalten. Seine Heiterkeit ist Ausdruck seiner Freiheit, Kraft und Güte. Weil er gelassen in Gott ruht, wird er den Rastlosen zur Ruhe=statt.

Aber wie das Neugeborene noch nicht lächelt, so ist der Weise seiner Kraft und Güte unbewußt: er wirkt, ohne nach den Früchten zu sehen. Weil ihm Tun und Nichttun gleich gilt, ist sein Wirken voller Segen, doch ohne Spur, ohne Karma.

Sich selbst, den Stillen, den von der Allmutter Tao Gestillten, erkennt er als den Wesenden. Die Vielen hingegen sind Verwesende, die nur dann dem Verfall und Tod entgehen, wenn sie in ihrem haltlosen Jagen innehalten und sich auf den inneren Halt besinnen.

Doch müßig, den noch Hastenden Muße zu predigen. Denn die Menge ist ständig bewegt und im Gehen – und weiß doch nicht, worum es geht... Der Weise steht still und unbewegt, kommt und geht gelassen, lächelt über den ‚Lauf der Welt' und steht, von der Stille bewegt, mit einem Schritt am Ziel.

Eben dieses ‚Stillestehen' fällt der Menge schwer. Denn sie blickt auf sich und die wogende Welt. Der Weise sieht von sich ab und blickt auf Gott. So schreitet er durch das Leben und steht zugleich still – in Gott. Das unterscheidet den Gottmenschen vom Tiermenschen:

„Ein Mensch, der siehet Gott, ein Tier die Erde an.
Aus diesem, was er *ist*, ein jeder sehen kann."

Der Mensch kann beides sein: Tiermensch und Gottmensch, Schiff und Insel. Die meisten gleiten gleich *Schiffen* über die Wogen des Lebensmeeres. Je seichter, desto bewegter. Ein Boot mit flachem Kiel wird von jedem Hauch dahingetrieben und vom nächsten Windstoß umgeworfen. Je tiefer der Kiel, desto ruhiger die Lebensfahrt. Doch auch das größte Schiff bleibt gefährdet, während der Weise, dessen Geist im mütterlichen Urgrund des Tao wurzelt, zur *Insel* wird, die fest auf dem Grunde des Meeres steht und von Sturm und Wogen unerschüttert bleibt...

Sein Nicht-Tun ist nicht, was die Welt Nichtstun nennt. Es ist ein gelassenes Lassen und Tao-tun-lassen. Es setzt keine Kräfte in Bewegung, sondern läßt sich von der Urkraft selbst bewegen; und so wirkt er statt Unruhe Frieden und statt Wirrnis Einheit.

## 21. STÄRKE DER TUGEND

Der Tugend Stärke und Ziel /
ist Nachfolge Taos.

Tao / unsichtbar / unfaßbar /
ist alles Sicht= und Faßbaren Ursprung und Wesen.
Unsichtbar / unfaßbar / birgt er aller Dinge Urkeim.
Unsichtbar / unfaßbar / ist er aller Kräfte Urquell.
Unsichtbar / unfaßbar / ist er aller Wesen Urherz.
In ihm wurzelt Leben / in ihm ist Dauer.
Anfang / Kraft und Vollendung von allem ist Tao.

Durch wen ward mir dies Wissen?
Durch Tao.

Nur *die* Lebewesen leben aus dem *Wesen*, die *bewußt leben*, deren Tugend Nachfolge des Tao ist.

Des Gelassenen Tugend – Teh – ist Tugend des Tao, ist Offenbarung des Tao, wie Lao=Tse im zehnten Spruch klar=machte. ‚*Tugend*' heißt hier rechter Wandel: rechte Haltung, rechtes Ausgerichtetsein auf Tao, rechtes Leben aus der All=Unmittelbarkeit und Weisheit des Tao=Geeinten.

Diese ‚Tugend' ist allen Wesen als ureigenstes Vermögen, als angeborenes Können, als innere Kraft von Anfang an mit=gegeben und harrt – als potentielle Anlage – der Aktivie=rung, Entfaltung und Verwirklichung. Da diese innere Kraft Äußerung des Tao ist, führt sie, recht entfaltet, zum Einssein mit dem Tao, zum rechten Leben aus dem Ursprung, aus der Fülle des Tao.

Das ist der Doppelsinn des ersten Satzes: Der Tugend Stärke und Anfang liegt in der bewußten Nachfolge des Tao. Und:

Tugend – als rechter Wandel – ist Folge und Wirkung des Tao. So ist Tao Anfang, Kraft und Vollendung von allem. Sich zu ihm hinwenden heißt: mit ihm eins, von ihm erfüllt sein. So wird Tao, sonst unsichtbar und unfaßbar, durch Teh *erfahrbar.*

Wer dessen inne wird, schaut und erfaßt die tiefe Weisheit dieses Spruchs, der kennzeichnend ist für die Wortkargheit Lao=Tses, der um so mehr aussagt, je weniger er sagt.

Eine Welt voll Weisheit liegt in seinem Satz: „Tao ist ... Wesen“, dessen Erläuterung helfen will, unsere Einsicht in die kosmischen Tiefen dieser Wahrheit hinabgelangen zu las=sen. Doch nur der Gelassene, der kontemplativ Schauende wird vom Unfaßbaren erfaßt, erfüllt, verwandelt und erwacht zum Wesen.

Hier, im Lichtabgrund des TAO, erkennt der Erwachte die Urbilder der Dinge, den Urquell der Kräfte, das Urherz der Wesen, das ihnen mehr als Da=Sein gibt, nämlich Leben und Dauer: ewiges Leben, ewiges Sein.

In jedem Geschöpf west der vor= und übergeschöpfliche Geist des Tao. Um dessen inne zu werden, muß man in ihm sein und ihn in sich wollen lassen, bis man sich als *Gefäß* des Ewi=gen erkennt und, im Innehalten, mit dem *Inhalt* eins und seiner Tao=Unmittelbarkeit gewiß wird. Alsdann ist Tao selbst Quell seiner Weisheit, und er kann auf die Frage nach dem Woher seines Wissens auf den Quell verweisen, der sich in ihm auf=tat ...

Im gleichen Sinne antwortete Christus auf die Frage, von wem seine Weisheit komme: „Vom Vater“, und gab der höch=sten Gewißheit aller Erwachten Ausdruck: „Ich und der Vater sind *eins.*“

Von der Nachfolge des Tao gilt gleichermaßen das Wort des Erleuchteten: „Wer mir nachfolgt, der wird nicht im Fin=steren wandeln, sondern das Licht des Lebens haben“ (Johs. 8, 12), weil das innere Licht seinen Pfad erhellt und sein Vollen=dungsziel sichtbar macht. Also der Erwachte: er ist in Tao, Tao ist in ihm – und damit Wesen, Wille und Weisheit des Tao. Darum seine Antwort auf die Frage, durch wen ihm sein Wissen ward: *„Durch Tao“.*

## 22. VOLLENDUNG DURCH HINGABE

Wer sich hingibt / erlangt Vollendung.
Wer sich beugt / bleibt bestehen.
Wer sich leer macht / findet Fülle.
Wer sich opfert / wird erneuert.
Wer nichts begehrt / erreicht alles.
Wer noch giert / erreicht nichts.

Also der Erwachte:
sich in Tao entbildend / wird er zum Vorbild
der Welt.

Weil er nicht scheinen will / leuchtet er.
Weil er von sich absieht / wird er beachtet.
Weil er nichts für sich will / hat er Erfolg.
Weil er nichts aus sich macht / hat er Macht.
Weil er nicht widersteht / widersteht ihm nichts.

Kein leeres Wort ist der Alten Weisheit:
„Wer sich hingibt / erlangt Vollendung".
Der Erwachte erfüllt es.

In der Muttersprache Lao-Tse's haben diese ebenso tiefen wie paradox klingenden Wahrheiten eine in anderen Sprachen kaum erreichbare Kürze: „Hingabe – dann Vollendung; beugen – dann bestehen; leer sein – dann Fülle." Mit weniger Worten kann nicht gesagt werden, daß eines des andern Voraussetzung und Bedingung ist:

Wer sich hingibt, gibt *sich* – sein Ich –, also das Unzulängliche und Vergängliche, das Unvollendete an ihm, hin. Was alsdann *bleibt*, ist das Unvergängliche und Vollendete in ihm: sein wahres, göttliches *Selbst*.

Gleichermaßen: Wer nachgibt, sich willig beugt gleich dem Halm im Sturm, und sich im Nachlassen des Widerstandes gelassen wieder aufrichtet, bleibt ungebrochen und unversehrt, wird stärker und hat Bestand, während der starr Widerstehende zerbrochen wird.

Ebenso umgekehrt: Wer nach der Fülle und Vollendung trachtet, der wandle sich, im Leerwerden nach außen und Offensein nach innen, zum Vakuum und Flußbett neuer Fülle. So erfüllt er den Sinn des Wortes ‚*Vollendung*': wo das Ich endet, hebt die Fülle – des Tao – an.

Wer nach dem *Einen* trachtet, *Tao*, auf den allein alles ankommt, und sich in ihm entbildet, der ist den Trugbildern der Welt enthoben und der Wirklichkeit Eigner. Er begehrt nichts mehr, weil ihm nichts gegeben werden kann, was er nicht schon hat.

Damit schließt sich dieser Vers unmittelbar an den vorigen an, der uns bewußt machte, daß „Tao Anfang, Kraft und Vollendung von allem ist" –: indem der Erwachte sich in *ihm* entbildet, wird er zum Bildner seiner Welt und zum Vorbild für die Umwelt, der er sichtbar macht, daß, was sie mit allem Gieren und Mühen nicht erreicht, dem nicht Gierenden und sich nicht Mühenden von selbst zu-fällt.

Weil er unbedürftig ist, bleibt ihm Dürftigkeit fern. Weil er der inneren Führung und Fügung folgt, fügt sich ihm alles zum Besten. Weil er nicht nehmen, sondern geben will, empfängt er unaufhörlich. Weil er nicht widersteht, lebt er ohne Widerstand und Widrigkeit. Weil er keinem etwas streitig macht, bleibt er ohne Streit und Wehe. Weil er sich anpaßt, verliert er sich nicht; und weil er sich – sein Ich – hingibt, gewinnt und erhält er sein Selbst.

Wer tiefer blickt, erkennt die Übereinstimmung dieser Worte des Weisen mit den Seligpreisungen der Bergpredigt, die die Überlegenheit jener rühmen, die nichts mehr außer sich suchen, sondern alles in sich gefunden haben: das Einssein mit dem *Einen* und die *Kraft*, die Vielheit des Außen, des irdischen Daseins, vom Einen her gelassen zu meistern.

## 23. SELTEN SICH ÄUSSERN

Selten sich äußern heißt der Natur folgen:
Ein Wirbelwind währt keinen Morgen /
ein Wolkenbruch keinen Tag.
Wie diese Äußerungen von Himmel und Erde
von kurzer Dauer sind /
so auch seien die des Menschen.

Denn mehr als Außensein und Äußerung
ist Innensein:
Wer Tao durch sich wirken läßt /
wird von Tao geleitet.
Wer der Tugend folgt / wird von ihr bestimmt.
Wer sich nach außen wendet und Äußerem folgt /
wird von außen bestimmt und ist ohne Halt.

Bist Du eins mit Tao / dient Tao Dir willig.
Bist du eins mit der Tugend /
fallen ihre Früchte Dir zu.
Bist Du eins mit der Welt /
ist Dein Begleiter der Mangel.
Wohin Dein Vertrauen sich wendet /
von dorther wird Dir Antwort.

Selten sich äußern ist Ausdruck der Innerlichkeit des Weisen. Je innerlicher, desto schweigsamer. Je schweigsamer, desto stärker. Je weniger einer redet, desto näher ist er dem Ideal des Nicht=Tuns. Schweigend, sammelt er Kraft – gleich der Natur, die sich nur ‚äußert' und ‚vernehmbar' wird, wo Spannungen nach Ausgleich verlangen. So will auch des Weisen Wort ausgleichend wirken, befreiend, erlösend.

Erleuchtungen überkommen den Menschen — als Frucht langen Schweigens — wie ein Blitz und ein Sturm. Was im Aufbruch der inneren Kraft, im Aufblitzen des inneren Lichts, im Donner des inneren Worts als Wirklichkeit bewußt und vernehmbar wird, leuchtet unmittelbar ein und hat Gewicht, während die Worte der ständig sich Äußernden die Wirklichkeit eher verhüllen als erhellen . . .

Zum Erleben der Wirklichkeit gelangt nur und solche Erfahrung faßt nur, wer zu schweigen weiß und sich selten äußert. Darum ist des Weisen Wort — gleich den Äußerungen der Natur — kurz und gewichtig. Darum liebt Lao-Tse die Kunst, mit immer weniger Worten immer Tieferes zu künden. Darum sorgt er, daß weniger die Außenwelt als das innere Wort ihm den Mund öffnet. Er meidet, wie die Natur, den Lärm, wägt seine Worte und spricht nur aus, was wahr, gut und notwendig ist. Denn er weiß, daß, wer sich zu allem äußert, leicht außer sich gerät und sich ohne Einsicht, Einheit und inneren Halt erweist.

Was er über das Einssein mit dem Tao sagt, erweist ihn als Mystiker. Wer Meister Eckehart versteht, erkennt in Lao-Tse den Kongenialen, den Geistverwandten, und folgt seiner Mahnung:

Wache über Dein Selbst, dann ordnet sich alles von selbst.

Und wahre Deine Einheit mit dem Einen, dann bleibst Du mit allem in Einklang!

Immer wird der Mensch eins mit dem, dem er folgt: dem Tao, der Tugend (Teh) oder — der Welt. Wohin sein Vertrauen sich wendet, dorthin lenkt er seinen Schritt und sein Schicksal. So leuchtet durch das Wort „Wohin Dein Vertrauen sich wendet, von dorther wird Dir Antwort", die gleiche Gewißheit wie aus der Mahnung des Angelus Silesius:

„Mensch, was Du liebst, in das wirst Du verwandelt werden.
Gott wirst Du, liebst Du Gott, und Erde, liebst Du Erden!"

Durch seines Daseins Lauf und Richtung zeigt jeder, wem sein Herz und Vertrauen gehört. Am Ende tritt ans Licht, von wem er sich leiten ließ. Darum mahnt der Weise: Äußere Dich seltener und offenbare mehr durch Dein *Tun* Dein Vertrauen zum Ewigen, Dein Einssein mit dem Geist des Tao!

## 24. FALSCHE HALTUNG MEIDEN

Wer sich auf die Zehen stellt / steht nicht fest.
Wer die Beine spreizt / kommt nicht voran.
Wer scheinen will / ist nicht erleuchtet.
Wer gelten will / gilt nichts.
Wer wichtig tut / hat kein Gewicht.
Wer sich selbst erhebt / ist kein Erhabener.

Solche Haltung dient dem Tao so wenig /
wie Abfälle zur Erhaltung des Körpers.
Wer Tao hat / hält sich davon fern.

Machte Lao=Tse uns im 22. Vers das Wesen des Weisen bewußt, der Vollendung durch Hingabe erlangt, so in diesem Vers den Gegenpol: die Unweisheit des Geltenwollens. Bedürfen diese Leitworte noch einer Erläuterung?

Blicke tiefer, dann erkennst Du es:
Wer sich für groß hält, verringert seinen Gehalt: an Tao.
Wer sich breit macht, schmälert sein Bestes: sein Einssein mit Tao.
Wer hoch hinaus will, ist – innerlich – bereits im Niedergang.
Wer sein Ich ins Licht stellt, verdunkelt sein Selbst und entfernt sich vom Tao.

Der Selbstgefällige fällt über sich selbst. Der sich Aufblähende offenbart – im Platzen – nur seine Hohlheit. Wer seine Treue rühmt, dem traut man nicht.

Daß einer sich rühmt und prahlt, macht sich schlecht bezahlt: er hat seinen Lohn dahin und steht am Ende mit leeren Händen da: ohne Würde und ohne Wert.

Nur wer von sich – von seinem Ich – absieht, findet zum Selbst. Nur wer sich leer macht, findet Erfüllung und Vollendung.

Wie der Körper Abfälle verabscheut, so Tao das falsche Verhalten.

Unmöglich, zugleich nach außen zu gieren und Tao zu haben. Wer noch giert, hat Tao nicht. Wer Tao hat, giert nicht. Wer Tao hat, wer mit dem Göttlichen eins ist, meidet falsches Verhalten und geht den Weg der Weisen.

Wer sich, des inneren Halts gewiß, nach außen zurückhält, wird, durch rechte Haltung, zum Behälter und Träger des Tao. Wer Tao hat, hat alles.

## 25. WESEN DES TAO

Ehe Himmel und Erde entstanden / *ist* der EINE /
zweitlos / unoffenbar / vollkommen /
schweigender, unergründbarer Urgrund.
Unbewegt ist er / ohne Wechsel und Wandel /
alldurchdringend / doch undurchdringbar /
Urschoß der Welt.

Namenlos ist der EINE.
Ich heiße ihn: TAO.
Formlos ist er / ohne Eigenschaften.
Ich nenne ihn: den Grenzenlosen /
den Kreis, der in sich selbst zurückkehrt.

Tao ist unendlich / der Himmel ist unendlich /
die Erde ist unendlich / der Mensch ist unendlich.
Vier Unendliche gibt es   ihrer einer ist der Mensch:
sein Gesetz ist die Erde /
der Erde Gesetz ist der Himmel /
des Himmels Gesetz ist TAO /
TAO ist sich selbst Gesetz.

Wiederum weiß Lao=Tse das Wesentlichste aller Welt= und Gott=Erkenntnis in wenig Worten auszusprechen:

Mit dem Entstehen von Himmel und Erde begann die Be= wegung, das Leben. Alles Dasein in Raum und Zeit ist rast= loser Wandel, Werden und Vergehen ohne Ende. Aber es gibt — im Zentrum des kreisenden Weltenrades — ein Unbewegtes ein Absolutes jenseits alles Relativen, ein Unvergängliches im Innersten alles Vergänglichen, das der Mensch in sich findet wenn er sich, einwärtsschreitend, in die letzten Tiefen seines Selbst versenkt. Dort berührt er das Unwandelbare, Ewige, Göttliche: *Tao.*

Im Kleinsten noch ist das Größte, im Menschen das All. Dieses *All in uns* ist so grenzenlos wie das Universum um uns, weshalb — von beider Mittelpunkt aus gesehen — das Fernste und Höchste zugleich das Nächste und Tiefste in uns ist.

Lao=Tse spricht von einer kosmischen Höhe der Lebens=, Welt= und Gotterkenntnis aus, wie sie nur der Mystiker als Gipfel religiöser Erfahrung im Erwachen der Seele erklimmt: Einwärts schreitend, stößt er ins Zentrum des Seins vor — zum überseienden Absoluten, das altindische Weisheit positiv als Mahaparabrahman, negativ als Nirwâna umschreibt. Sein von Tao erfüllter Geist spricht vom EINEN, der vor allem Werden und jenseits wie inseits alles Gewordenen *ist.*

Vor allem Werden und inseits alles Gewordenen . . .

Dem, was Lao=Tse und, gleich ihm, die altindischen Rishis erkannten, nähert sich die heutige Naturwissenschaft nur tastend, wenn sie den Beginn des Weltenwerdens auf Grund der Zerfallszeit radioaktiver Elemente wie der Fluchtgeschwindigkeit fernster Spiralnebel um vier bis sechs Milliarden Jahre in die Vergangenheit zurückverlegt und wenn sie weiter schließt: Da die *fernsten Spiralnebel,* in Abständen bis zu zwei Milliarden Lichtjahren, die *größten Fluchtgeschwindigkeiten* zeigen, wobei wir sie heute so sehen, wie sie sich vor zwei Milliarden Jahren bewegten, und da andererseits die unserer heimatlichen Milchstraße *näher* gelegenen Spiralnebel, die sich uns auch in *zeitlich* geringerem Abstand zeigen, *niedrigere* Fluchtgeschwindigkeiten aufweisen, ist die Ausdehnungsgeschwindigkeit des Weltalls offenbar *im Abnehmen begriffen* und steuert einem Punkte zu, an dem die Ausdehnung aufhört und das Gegenteil anhebt: die Zusammenziehung des Universums . . .

Lao=Tse und die altindische Kosmologie, die Jahrbillionen umspannt, sieht weiter, schaut das *Ganze:* ein immer wiederholtes Ausdehnen und Zusammenziehen der Spiralnebel und Sternenheere im Weltall, ein Pulsieren des Universums: das Ein= und Ausatmen der Welten durch Tao oder Mahapara=

brahman. Nach einem Atemzug von Jahrbillionenlänge werden die sichtbaren Universen wieder eingeatmet und kehren ins Nichtsein zurück; beim Wiederausatmen treten die Sternen- und Lebensheere auf neue ins Dasein – – und so Ewigkeit um Ewigkeit.

Aber Lao-Tse bleibt, in der kontemplativen Allschau, nicht bei der Erkenntnis des endlosen parakosmischen Atem- und Werde-Vorgangs stehen, sondern wendet sich von der Peripherie zum Zentrum: zur Erkenntnis seines Einsseins mit der atmenden Weltengottheit und der besonderen Stellung des *Menschen* im Welten-Entstehens- und -Vergehenskreislauf.

Er nennt den Menschen – nicht den äußeren, sondern den inneren Menschen, *Tî*, den Gottmenschen, den Träger der ‚Tugend' (Teh) – einen *König*, einen *„Sohn des Himmels'* (Thîan-Tsè), weil der Mensch ein Kind und Erbe des Absoluten ist, Repräsentant der Gottheit auf Erden, ein Mikrokosmos nach dem Bilde und mit der Machtfülle des Makrokosmos – – *wenn er es nur erkennen wollte!*

*In uns* – dies will Lao-Tse uns bewußt machen – *in uns* ist Der, der vor dem Entstehen von Himmel und Erde *ist; durch Ihn* werden wir sein, wenn Ich und Welt längst vergangen sind: *wir*, Träger des Zweitlosen, unwandelbaren EINEN.

Alle Vollkommenheit des überseienden Einen ist in uns und wird uns bewußt, wenn wir aus dem Ich- und Welten-Traum aufwachen und in uns selbst heimkehren: zum Tao, der vor jeder Weltenschöpfung und nach jedem Weltvergehen ungeschmälert und unverändert *ist:* gestalt- und wandellos, form- und grenzenlos.

Weil das Wesen des Tao auch das Wesen des Himmels, der Erde und – des Menschen ist, weil Tao den Wesensgrund der Seele bildet, nennt Lao-Tse *den Menschen einen der vier Unendlichen.* Aber er ist es und erkennt es nur, wenn er, gleich Tao, zum Kreis wird, der in sich selbst zurückkehrt: wenn er sich nach innen wendet und zu sich selbst, seinem höchsten Göttlichen Selbst heimkehrt.

Dann ist nicht mehr die Erde sein Gesetz und nicht mehr der Himmel; dann wird er – durch Tao – sich selbst zum Gesetz: sein Selbstverwirklicher, sein Selbst-Vollender.

## 26. ÜBERLEGENHEIT DES WEISEN

Der Gewichtige lenkt den Leichtfertigen /
der Gestillte meistert den Ruhelosen.

Also der Weise:
Er ankert im inneren Halt und wahrt sein Gewicht.
Er bleibt gelassen / auch wenn Ruhm und
Reichtum locken.

Denn wer den inneren Halt aufgibt und sich
an die Dinge hält /
wird gewicht= und halt=los.
Gewichtlos / wird er leichtfertig und ruhelos.
Haltlos / bleibt er unterlegen und machtlos.

Mit diesem Spruch setzt Lao=Tse die im vorigen Vers begonnene Unterweisung fort: Gewicht hat nur, wer, statt sich vom Strom des Lebens mitreißen zu lassen, gelassen innehält und sich, des inneren Halts gewiß, als Träger des Tao erkennt.

Denn dann ist nicht mehr die Erde, die Welt sein Gesetz und nicht mehr der Himmel; dann wird er – durch Tao – sich selbst zum Gesetz und damit zum Herrn des Lebens und der Welt.

Gleichwie der schwere Stamm die leichteren Äste und die leichten Blätter trägt und hält, so gebietet der in sich Ruhende und Gestillte dem Lauten und Ruhelosen, der Unbewegte dem Bewegten. Darum wird der Gewichtige – der TAO als seinen Schwerpunkt, seine Mitte erkannt hat – mit dem Leichtfertigen leicht fertig; er vermag dem Haltlosen Halt zu geben und den Ziellosen zum Ziel zu lenken. Einem Katalysator gleich verwandelt der Weise, ohne sich selbst zu wandeln, Gewicht und Gesicht der Wesen und Dinge – durch die von ihm ausstrahlende Kraft der Ruhe, die Kraft des Tao ist.

Darum ist nur der Weise zur Menschenführung und Lebens=meisterung fähig: er ‚lenkt den Leichtfertigen', der seine ‚Mitte', sein Gewicht und Gleichgewicht verloren hat, und ‚meistert den Ruhelosen' durch die Mittelpunktskraft des Tao. Je mehr TAO sein Beweger ist, desto unbewegter lassen ihn die Dinge, desto weniger bestimmt die Schwerkraft der Erde die Bewegung des in sich selbst Wurzelnden und Ruhenden.

Anders der Haltlose: je mehr nach außen gewendet, desto schwankender und unruhiger wird er. Und je unruhiger, desto leichtfertiger. Je leichtfertiger, desto mehr unterliegt er wie=derum dem Gesetz der Schwere und desto selbst=entfernter und unsteter, unerlöster und machtloser wird er ... Was nützt äußerer Gewinn und Halt dem, der sich selbst verlor! Und was kann er dem noch geben, der sich selbst besitzt!

*„Wer den inneren Halt aufgibt ..."* Immer wieder vergleicht Lao=Tse den Menschen einem König, der über alle Reichtümer des Lebens gebietet, aber einen schlechten Gebrauch von ihnen macht, wenn er den wichtigsten und gewichtigsten Besitz über=sieht und aufgibt: sich selbst, den inneren Schwerpunkt und Halt: den Besitz des TAO.

Eben darum ist der Weise unbedürftig, *weil er seine Habe* — seines Erdenlebens Reisegepäck — *in sich trägt.* Gleiches meinte der Ausspruch des griechischen Weisen Bias: Omnia mea mecum porto! Ich trage alles Meinige mit mir, nämlich *in mir!* Und da alles übrige, nur Äußere, mir nicht angehört, läßt sein Kommen und Gehen mich unerregt.

So empfand Lao=Tse, als er den Kaiserhof, die Staatsbiblio=thek und alle äußeren Güter hinter sich ließ und mit der einzig wesentlichen Habe — dem Besitz des Tao — seine Pilgerfahrt zum Unendlichen antrat.

## 27. ERLEUCHTUNG VON INNEN

Rechter Gänger ist ohne Gängelung und Vergehen /
Rechter Sprecher ist ohne Widerspruch und
Versprechen /
Rechter Rechner ist ohne Rechenkunst und
Berechnung /
Rechter Schließer hütet ohne Schlüssel und
Verschluß /
und doch kann niemand eindringen.
Rechter Binder fesselt ohne Band und Knoten /
und doch kann sich niemand entziehen.

Also der Weise:
sein Helferwille umschließt alles /
ist nie unschlüssig und verschließt sich keinem.
Seine Gelassenheit duldet alles /
ist nie lässig und verachtet und verläßt keinen.
Von innen erleuchtet / leitet er alle zum Licht.

Darum ist der Weise der Unweisen Lehrer /
und der Unwissende des Weisen Werkzeug.
Wer den Lehrer nicht achtet / wer das Werkzeug
nicht liebt /
verkennt und verfehlt den Heim-Weg zum Tao /
zum Geheimnis der Erleuchtung.

Was Lao-Tse im vorigen Spruch herausstellte – die Überlegenheit des Weisen –, erläutert er nun im einzelnen:

Weil der Weise um den inneren Halt weiß und sich von innen erleuchten und leiten läßt, geht er den rechten Weg. Als rechter Gänger kann er von nichts und niemandem gegängelt werden, kennt kein Ver=Gehen, kein In=die=Irre=Gehen, kein Abweichen vom Wege zum Licht des Tao.

Recht wandelnd und recht handelnd, wirbelt er keinen Staub auf, hinterläßt keine Spur, schafft kein leidvolles Karma. Denn sein Gang ist nicht Welt=Gang, sondern Heim=Gang.

Wie er recht geht und handelt, so spricht er das Rechte, stockt nicht, verspricht sich nicht und erregt keinen Widerspruch. Da er ohne Berechnung und Rechenkunst das Rechte schafft, bleibt er aufrecht und ohne Gefahr, sich zu verrechnen. –

*Ohne Mittel* erreicht der Weise seinen Zweck: er schließt ohne Riegel und Bolzen; er bindet ohne Strick und Knoten; und doch kann niemand öffnen und lösen – – es sei denn mit dem Schlüssel und der Losung des *Geistes*, der allein los, ledig und frei macht.

*Ohne Hilfen* wirkt der Weise: durch sein Da=Sein und Erleuchtetsein, durch die Kraft des Guten, der Liebe, die, was zwiespältig ist und auseinanderstrebt, eint und bindet, was finster und gefesselt ist, löst und lichtwärts leitet – – gestörte Ordnung in Harmonie verwandelnd.

Immer wird das Niedere durch das Höhere gelöst und geleitet, geläutert und überwunden: das Sichtbare durch das Unsichtbare, das Vergängliche durch das Unvergängliche, das Tierhafte durch das Menschliche, das Menschliche durch das Göttliche.

Wo dies beachtet wird, ordnet und vollendet sich alles aufs beste.

Wer sich von innen erleuchten und leiten läßt, wird auch im Äußeren recht handeln: liebend und hilfsbereit gegenüber allen Geschöpfen, Guten wie Nichtguten, Menschen und Tieren; unterweisungs= und führungsbereit gegenüber allen Suchenden und Strebenden.

Wo ein Weiser, wirkend oder nicht=wirkend, liebevoll weilt, ordnen und vollenden sich alle, die guten Willens und bereit sind, sich lichtwärts leiten zu lassen.

## 28. TALGRUND DES LEBENS

Um seine männliche Schöpferkraft wissen
und doch seine weibliche Empfänglichkeit wahren /
heißt zum Strombett des Lebens werden.

Als Strombett des Lebens
ist er Träger der Tugend /
und kehrt heim in die Geborgenheit des Kindseins.

Um das innere Licht wissen
und doch sich im Dunkel halten /
heißt zur Leuchte der Welt werden.

Als Leuchte der Welt
kehrt er / von innen geleitet /
heim in den Urgrund des Überseins.

Um seine Größe und Hoheit wissen
und doch sich klein und bescheiden halten /
heißt zum Talgrund des Lebens werden.

Als Talgrund des Lebens
findet er in sich den Quell der Tugend /
und eint sich der Einfaltigkeit des Urseins.

Wo solche Einfaltigkeit sich ausbreitet /
wirkt sie die Vervollkommnung der Menschen.

Der Weise / sie übend /
lenkt selbst die Herrschenden /
ohne Gewalt und Verletzung /
unmerklich / weil selbst=los.

Mit den einleitenden Worten knüpft Lao=Tse an die chinesische Weisheit an, nach welcher die polaren Urprinzipien *Yin* und *Yang*, die des *Weiblichen* und des *Männlichen*, in jedem Menschen vorhanden sind, daß er, seinem innersten Wesen nach, beides zugleich ist, und daß es gilt, nicht eines vorherrschen zu lassen, sondern beide miteinander in Harmonie zu bringen, zur ursprünglichen inneren *Einheit* von ‚Weib' und ‚Mann', Erde und Himmel, Unten und Oben, Ruhe und Bewegung, Empfangen und Zeugen, Nichttun und Tun, Geist und Leben zurückzukehren — — und das heißt: zum *Tao*, in dem diese polaren Gegensätze vereint sind.

Tiefe Einsicht läßt die chinesische Philosophie Yin vor Yang stellen und fordern, daß das Männliche durch das Weibliche gemildert und das Weibliche durch das Männliche vollendet werde, was nur möglich ist, wenn wir beide in uns als *eins* erkennen. Wenn Yin die weibliche Kraft der Liebe und Yang die männliche Kraft des Verstandes symbolisiert, dann gilt es, die Kraft des Verstandes durch die Liebe zur Herzkraft der Weisheit zu erhöhen, wobei sich die Liebe, durch den Verstand erleuchtet, zur göttlichen *Selbst=Erkenntnis* vollendet.

Wenn es dem Menschen gelingt, solchermaßen das Weibliche und Männliche in sich zu einen, wird er zum ‚Strombett des Lebens' — des Ewigen Lebens aus der Kraft und dem Geist des Tao — und kehrt in die Geborgenheit des Kindseins zurück.

Die gleiche Weisheit liegt der Mahnung Christi zugrunde: Wenn ihr nicht „werdet wie die *Kinder*", wenn ihr nicht zur Einfaltigkeit des Kindseins zurückfindet, werdet ihr nicht des Ewigen Lebens teilhaftig. Rückkehr in die Unschuld des Kindseins bedeutet Lösung und Aufhebung aller Schuld — aller karmischen Schulden — und sichert die Vollendung des Lebens.

Dem, der in die Ursprünglichkeit des Kindseins zurückkehrt, wird Tao Allvater und Allmutter zugleich, als deren Kind er sich all=geborgen weiß. Kind geworden, läßt er sich wieder willig vom Geist des Tao leiten und kann nicht mehr fehlgehen. Gleiches meint Paulus (Röm. 8, 14, 17), wenn er sagt, daß „jene, welche der Geist Gottes treibt, Gottes Kinder sind ... Derselbe Geist gibt Zeugnis unserem Geiste, daß wir Gottes Kinder sind", denen „alle Dinge zum Besten dienen".

Wo der Mensch sich klein und bescheiden hält wie ein Kind, wo sein Wille *Willigkeit* wird, tritt er in den Stromkreis des Ewigen Lebens und wirkt, von innen her gelenkt, nur noch Segen.

Also der Weise:

Weil er nicht glänzen will in einer Welt, die nur Schein ist, sondern sich im Dunkel hält (da nur, wo es dunkel geworden, das wahre, ewige Licht erkannt wird), und weil er seine Vorzüge besitzt, als besäße er sie nicht, und ihre Vielheit durch die Einfaltigkeit seines Wesens verdeckt, gelangt und führt er am ehesten zur Vollendung. Weil er mit der natürlichen Unbefangenheit des Kindes handelt, ohne Absicht und Anspruch, spricht er an und findet Gefolgschaft, ohne sie zu wollen. Weil die Suchenden ihm zuströmen wie die Gewässer dem Tal, nennt Lao=Tse den Weisen *‚Talgrund des Lebens'*.

Hier wie in anderen Sprüchen greift er zum Bild des *Tales* als dem Sinnbild des Tugenderfüllten. Wie ein Tal nach oben offen ist, tief und breit und zur Aufnahme bereit für alles, was von oben herabströmt, wie es sich erniedrigt, um dem fließenden Wasser — des Lebens — als Strombett zu dienen und den Menschen Fruchtbarkeit und Schutz vor den Unbilden des Daseins zu bieten, so wird der Mensch, der sich als Talgrund fühlt, ständig tiefer, nützlicher und segensreicher und zu einem Strombett der Fruchtbarkeit und Geborgenheit für andere. Dienen und helfen ist ihm selbstverständlich, weil seinem talhaften allaufgeschlossenen Wesen gemäß.

Im Letzten deutet die ‚Tiefe' und ‚Weite' des Tals auf seine *Leere:* wie bei einem Gefäß nicht die Wandung, sondern der erfüllbare Leerraum das Wesentliche ist, so ist bei aller Versenkung und Vertiefung das *Leersein* Voraussetzung für das Erfülltwerden des Gefäßes ‚Mensch' mit der Fülle des Tao.

## 29. WIRKEN OHNE HANDELN

Das Reich durch Handeln zu gewinnen
und zu meistern /
das ist der Weg / der zum Scheitern führt.
Denn das Reich ist ein göttlich Gefäß /
nicht zu fassen und nicht zu erhandeln.
Wer es greifen will / begreift es nicht.
Wer es nehmen will / verliert es:

Er glaubt voranzukommen / und bleibt zurück.
Er glaubt zuzunehmen / und schwindet dahin.
Er wähnt stark zu sein /
und enthüllt seine Schwäche.
Er wähnt sich überlegen / und unterliegt.

Anders der Weise:
er meidet Überhebung und Ungestüm.
Statt zu handeln / wirkt er durch Nicht=Tun.

Lao=Tse setzt die im dritten Vers begonnene Unterweisung fort: der Weg des Weisen ist der Weg des Wêi=Wu=Wêi — des *Tuns durch Nicht=Tun,* wobei sein Wort vom *'Reich'* für die innere und die äußere Welt gilt, für das Reich Gottes, die Fülle des Tao, wie für den irdischen Bereich.

Was die Geschichte der Menschheit lehrt und wovon wir in jüngster Zeit Zeugen waren, ist eben dies: Wer ein Reich mit Gewalt nehmen will, verliert es. Wer nach Macht und Welt=herrschaft strebt, wird zum Selbst= und Weltzerstörer. Fehl greift, wer angreift und in alles eingreift. Dem verlangend da=nach Langenden entzieht sich das Reich; dem Gelassenen reicht es sich dar.

Tiefer als die Klugheit der Politiker reicht die Erkenntnis des Weisen:

Jedes Reich ist ein göttlich Gefäß, ein Organ des Geistes, das durch äußere Willkür und Gewalt nur vergewaltigt und in Unordnung gebracht wird. Je mehr ‚regiert' wird, desto mehr verfällt es, da auch die beste Verfassung das Wesen nicht erfaßt, sondern fesselt und verfälscht. Mit der Zahl der Gesetze wachsen Gesetzlosigkeit und Unordnung. Besserungen werden nicht durch Verbote erwirkt, weil Widerstand den Übelstand vergrößert.

Vom Handeln zu Händeln ist nur ein Schritt; wirken ohne Handeln aber führt zu Frieden und Vollendung. Darum ist die beste Regierung die, deren Wirken am wenigsten verspürt wird, die – dem Weisen gleich – durch Gewährenlassen Gefolgschaft findet, durch weises Nicht-Tun zum Rechttun lenkt und so das Gleichgewicht erhält. Denn was Gewalt nicht meistert, wird durch das Wirkenlassen des göttlichen Waltens gewaltlos erreicht.

Das ist es, was Lao-Tse uns lehren will:

Wer das Reich mit Gewalt erreichen und bewältigen will, wird vom Walten der Allmacht überwältigt. Von Dauer sind nur die Gewaltlosen, die Friedfertigen. Da Tao in ihnen herrscht, sind sie die Herrschenden. Denn mächtig ist nur, wer nicht ‚machen' und sich nicht der Dinge ‚bemächtigen' will, sondern um die Macht des *Lassens* weiß, wer nicht halten will, sondern Zurückhaltung übt und ohne Handeln wirkt.

Niemand, der die Welt von außen her verbessern wollte, kam damit je zu Ende. Wer mit der Erneuerung bei sich selbst beginnt und zur Erleuchtung findet, der erneuert und durchlichtet auch die Welt. Wirkliche Wandlung kommt von innen her, beginnt beim eigenen Selbst und leitet zum Tun durch Nicht-Tun.

## 30. SIEGEN DURCH NICHTWIDERSTEHEN

Wer sich von Tao leiten läßt /
waltet ohne Gewalt /
er siegt durch Nichtwiderstehen.

Wo Krieg herrscht /
wachsen nur Disteln und Dornen /
großen Heeren folgt Verheerung und Not.

Der Weise siegt ohne Schwert.
Ohne Anstrengung / ohne Strenge /
ohne zu rüsten / ohne sich zu brüsten /
waltet er recht / Anwalt des Rechts.

Wer überheblich und hart ist / zerbricht bald /
weil er Tao=los ist.
Wer willig und weich ist und Tao hat /
hat Dauer.

Was Li=Ör Lao=Tse als Geschichtsschreiber den Lehren der Vergangenheit entnahm, auf seinen Reisen – die ihn bis nach Indien führten und mit der Weisheit der Veden und Upanishaden in Berührung brachten – bestätigt fand und in diesen Versen ausspricht, ist zeitlos gültig:

Aller Lebens= und aller Staatskunst Letztes ist die Weisheit des Nichtwiderstehens.

Wer den Lockungen der Außenwelt folgt, läßt sich leicht zum Äußersten treiben. Und das heißt: Verlust des Innersten, Tao=Ferne und Untergang.

Wer sich von Tao leiten läßt, siegt waffenlos und wirkt Frieden und Wohlstand. Seine Weichheit bringt den Hartnäckigen zum Weichen, sein Nachgeben läßt den Stürmenden stürzen, sein Nichtwiderstehen bringt den Widerstrebenden zum Erlahmen und Erliegen und führt zum Frieden. –

Solange es Menschen gibt, wirkten Gewalt und Krieg – statt Frieden und Freiheit – nur neuen Zwist und größere Not. Der Krieg kennt nur Besiegte. Gerüstete sind immer Gerichtete.

Wie Wohlwollen Willigkeit weckt und zu Einklang und Wohlstand führt, so wecken Gewalt und Waffen Widerstand, Abwehr und Weh. Wer sich auf Gewalt stützt, wer andere zwingen, wer erobern will, bereitet seinen Untergang. „Durch Gewalt und Krieg den Volksschmerz heilen heißt den enthaupten, den der Zahnschmerz plagt."

Nur wer so zu leben trachtet, daß er der Gewalt nicht bedarf, ist auf dem Wege zur Weisheit und stiftet Frieden. –

Wie außen, so innen:

Wer Übeln widersteht, mehrt ihre Macht. Sein ständiges Darandenken bringt sie zu üppigem Wachstum. Wegsehen ist die beste Verneinung; Bejahung und Förderung des Guten ist der kürzeste Weg zur Überwindung des Übels.

Darum verwirft der Weise Zwang und Gewalt und tut gelassen das Notwendige, das die Not wendet. Und weil er den Sieg, den er kampflos erringt, nicht mißbraucht, weil er weder unmäßig noch anmaßend ist, sondern gemessen und maßvoll bleibt, weil er sich nicht verhärtet und überhebt, sondern weich und gütig bleibt, gelassen und bescheiden, ist sein Sieg von Dauer.

Weil er Tao hat, hat er alles, begehrt nichts und nimmt – wie Tao – weder zu noch ab. Der Wandel der Welt bewegt ihn nicht. Wer noch giert, wer herrschen und haben und zunehmen will, wirkt Wechsel und Verlust. Weil er ohne Tao ist, ist er dauerlos und zu bedauern.

## 31. WELT OHNE WAFFEN

Waffen wirken Weh /
Der Weise ist wider Gewalt /
Der Tao=Erfüllte bedarf ihrer nicht.
Wer in Frieden lebt / geht den Weg der Gesegneten.
Wer die Waffen ergreift /
folgt dem Pfad der Verfluchten.

Waffen sind Unheilbringer /
Der Weise verabscheut sie.
Wie kann ein Sieg erfreuen /
Der anderen Leid bringt und Tod?
Andere verletzen heißt Tao verlieren.

Wer der Weisheit folgt /
Geht den Weg des Lebens und des Lichts.
Wer die Waffen wählt / geht den Weg des Todes /
Verfolgt von Fluch und Finsternis /
Verzweiflung und Vernichtung.

Lao=Tse ergänzt die im vorigen Vers ausgesprochene Absage an Krieg und Gewalt und sein Wort: „Wo Krieger herrschen, wachsen nur Disteln und Dornen", durch den positiven Gegen=Satz: *Wo Weise herrschen, ist die Welt ohne Waffen.*

Alle Wesen lieben das Leben, scheuen den Tod und verabscheuen Waffen als Bringer von Krieg, Blutvergießen und Unheil. Sie fühlen die Wahrheit des warnenden Worts des Großen Liebenden: „Wer das Schwert nimmt, wird durch das Schwert umkommen."

*Sieg,* der durch Leid und Vernichtung anderer erkauft ist, ist schlimmer als Niederlage. Seine Glorie ist die des Todes.

Wer das Leben liebt, verabscheut, was Leben verletzt. Darum verwirft der Weise Gewalt und Waffen und überwindet durch Nichtwiderstehen. Sieg=Freude gilt ihm als Mord=Freude und als Anfang der Selbstvernichtung. Denn „andere verletzen heißt Tao verlieren" – oder mit dem Wort eines christlichen Dichters: „Solange man das Schwert noch kennt und ehrt, wird Gottes Reich auf Erden nimmer blüh'n." –

Bisher waren Könige und Staatsmänner selten Weise; sonst wäre der Friede auf Erden nicht nur Wunsch, sondern Wirklichkeit.

Bisher galt den Gemeinen als vornehm und edel, wer gewappnet daherkam. Doch die Zeit wird kommen, da gelten Gerüstete als Gerichtete und Sieger als Mörder, deren Platz bei den Trauernden ist. Erst wenn jeder vor Waffen den gleichen Schauder und Abscheu empfindet wie vor Selbstmord, Grausamkeit und Kannibalismus, beginnt das Zeitalter der Menschenwürde, Menschlichkeit und Weisheit.

„Der Weise ist wider Gewalt" – weil er, von Tao erfüllt, alle Wesen, Mensch und Tier, gleichermaßen liebt und zu erhalten trachtet. Ihm gilt als adelig und edel nur, wer allem Lebendigen mit Ehrfurcht und Liebe begegnet, bereit, den Bedrängten zu schützen und dem Leidenden zu helfen.

Nicht in Hand und Hirn und den Mitteln, die diese sich schufen, liegt des Menschen Stärke, Zukunft und Vollendung, sondern im *Herzen,* das beide lenkt. Wer mit dem Herzen denkt, ist mit Tao im Einklang und im Frieden mit sich selbst und der Welt. In sich ruhend, ist er streitlos. Nur er, der Waffen als Mittel des Bösen verwirft, nur er, der in sich Geeinte, vermag die Menschen zu einen, die Völker zu einen, die Menschheit zu einen.

Wenn der Planet Erde nicht mehr eine Stätte der Zwietracht und des Mordens ist, sondern der Eintracht, der Liebe und Fürsorge für alles, was lebt, wird der Mensch in seiner Gesamtheit der Weisheit des Tao und der Fülle des Lebens teilhaftig.

## 32. EINFALT DES EINEN

TAO / der EINE / ist ohne Namen.
Ein=faltig ist Er / der Eine in allem /
Grund aller Bewegung und Vielfalt des Alls.

Wenn die Führenden mit Ihm eins sind /
vertrauen und folgen ihnen die Völker /
Himmel und Erde segnen sichtbar ihr Tun /
und ohne Recht zu schaffen /
machen sie die Menschen rechtschaffen.

Wenn der Einfaltige sich entfaltet / ist er nennbar.
Name aber ist Ding und Bedingtheit
und tut der Ein=falt Einhalt.
Doch wer innehält
und sich / im Innern / zum Einen hält /
findet zum Unbedingten /
zum Einen in allem / zum TAO /
wie die Bäche und Ströme zum Meer der Vollendung.

Lehrte Lao=Tse im vorigen Vers, daß der Weise ohne Waffen herrscht, so enthüllt er uns hier das Geheimnis der Macht: *vom Einen her ist alles zu einen.*

Soweit ein Wesen vom *Einen* erfüllt ist, soweit huldigen und helfen ihm Himmel und Erde und alle Geschöpfe. Soweit einer *Tao* hat, wirkt er, ohne Absicht und Gewalt, Einsicht und Willigkeit, Wohltat und Wohlfahrt – weil nicht er, sondern der *Eine* durch ihn will und wirkt.

Durch ihn tritt das Überseiende Nichtsein ins Sein und wird Tat. In ihm wird der Ein=faltige, der namenlose Urgrund, zum

Wesensgrund und zur Wirk=Ursache – und damit nennbar, wenn auch, für die Welt, nicht faßbar . . .

Hier liegt die Bestimmung und die Grenze der Führenden.

„Führende" nennt Lao=Tse alle, die Macht haben, in Leben und Schicksal anderer einzugreifen – Könige, Fürsten und Herren, Regierende und Vertreter des Volkes –: Machtvollkommenheit besitzen sie nur, soweit sie mit Tao eins, von Tao erfüllt sind und sich von Tao leiten lassen. Nur soweit ist ihr Wirken heilvoll; im gleichen Maße kommt ihnen alles von selbst entgegen; sie sehen sich von oben bejaht und gefördert; das Schicksal arbeitet ihnen in die Hand und offenbart damit, daß sie auf dem rechten Wege sind; und die von ihnen Geleiteten folgen ihnen ohne Befehl und Verordnung von selbst . . . Oben und Unten, Innen und Außen klingen zur Einheit zusammen, in der der Eine erkennbar wird.

Die solchermaßen Führenden wissen, daß nicht sie wirken, sondern daß Tao durch sie will und wirkt, daß der Ein=faltige sich durch sie entfaltet und Tat wird. Ihnen wurde der Überseiende seiend . . .

. . . Aber sie sollten sich damit begnügen und nicht Tao und Teh, das Unoffenbare und das Offenbarte, gleichsetzen und vertauschen, nicht den Unerkennbaren mit Namen kenntlich machen, nicht den Absoluten durch Benennungen in Begrenzungen zwängen . . . Denn Name ist Ding und Bedingtheit. Ergreifenwollen hindert und mindert das Ergriffensein.

Nur wer sich löst, findet Erlösung. Nur wer sich hingibt, wird, jenseits aller Dinge und Bedingungen, vom Unbedingten erfüllt, bleibt Gefäß des Ewigen, findet Erfüllung und Vollendung.

## 33. WESEN DES VOLLENDETEN

Wer andere erkennt / ist klug;
Wer sich selbst erkennt / ist erleuchtet.
Wer andere besiegt / ist stark;
Wer sich selbst besiegt / hat Macht.

Der Genügsame ist reich.
Der Zielwisser kennt seinen Weg.
Der in sich Ruhende hat Dauer.
Der Entwordene hat den Tod überwunden.

Mehr als Klugheit ist *Weisheit*. Der Kluge blickt nach außen, der Weise nach innen. Außen ist: das Reich des Wandels, der Ungewißheit und Finsternis; innen: das der Dauer, der Wahr=heit und des Lichts. Darum riet der erste griechische Weise, Thales: „Erkenne Dich selbst!" — und gleichermaßen sein Zeit=genosse Lao=Tse. Beide hatten erfahren:

Wer sich selbst erkannt hat, seines Göttlichen Selbstes inne ward, der hat zum inneren Licht gefunden und die Blindheit des Ich überwunden. Die Finsternis vermag das Licht nicht zu er=kennen; wenn aber das Licht — auf dem Wege nach innen — aufflammt, ist die Finsternis der Nichterkenntnis verschwun=den und die Weisheit der Selbsterkenntnis — die im Letzten und Tiefsten Gott=Erkenntnis, Tao=Erwachen ist — errungen.

Was von der Weisheit gilt, gilt auch von der Macht:

Mehr als Stärke ist *Macht*, weil sie von innen, jene aber nur von außen wirkt. Der Starke mag andere zwingen — bis ein noch Stärkerer kommt und ihn überwindet ... Macht — gött=liche Kraft und Überlegenheit — hat nur, wer seiner selbst Herr ward. Nur er ist mit der All=Macht eins: ihr Träger und Werk=zeug.

Gleichermaßen ist *Reichtum* mehr als Besitz. Reich ist nicht, wer viel hat, und unvermögend ist nicht, wer wenig hat. Die Besitzenden wie die Gierenden sind Besessene und insoweit arm.

Wahrhaft reich ist – gleich, ob er über nichts, wenig oder viel verfügt – wer jederzeit genug hat, genügsam und zufrieden ist, nichts bedarf, an nichts Äußerem hängt, nur von sich selber abhängt, so daß ihm Aufnehmen und Aufgeben, Empfangen und Schenken gleich gilt.

Der Unzufriedene ist friedlos und unvermögend. Der Zufriedene hat Frieden und ist allvermögend.

Hierin liegen Wesen und Weisheit, Macht und Reichtum des Vollendeten:

Da er um sein Selbst weiß, weiß er um seinen Fortschritt und sein Vollendungsziel. Da er das Ziel sieht, kenn er seinen Weg. – Der Zielwisser ist dem Vielwisser überlegen. Denn wer Tao als sein Ziel erkannt hat, stellt das müßige Trachten nach geringeren Zielen ein.

Die Nichterkennenden durcheilen die Welt – im Streben nach Fortschritt – und kommen doch keinen Schritt voran, indes der Erleuchtete, gelassen in sich selber ruhend, das Universum durcheilt. *Fortschritt* bedeutet ihm: Fortschreiten vom Unwesentlichen, Hinschreiten zum Wesentlichen, zu größerer Vollkommenheit.

Weil er, in sich gesammelt, im Ewigen ruht, hat er *Dauer*. Da er nichts Zeitlich-Vergängliches festhält, können Zeit und Vergehen ihn nicht halten und mit sich reißen. Da er dem Vergehenden entworden ist, ein Gewandelter, der Tao in sich weiß, bleibt er – Erbe und Träger Ewigen Lebens – unverwandelt von Vergehen und Tod.

Die Vielen hingegen werden vom Tode ergriffen und umgewandelt. Denn wer dem Vergehenden nicht ‚stirbt, *bevor er* stirbt, der verdirbt, wenn er stirbt' – und findet sich bald aufs neue, seiner selbst und seines Zieles ungewiß, im Zeitenstrom und Dauerlosen ...

Der Vollendete aber steht jenseits von Werden und Vergehen, Gewinn und Verlust, Freude und Trauer. *Er ist.*

## 34. GRÖSSE DES TAO

Der große TAO ist all=durchdringend /
All=gegenwärtig und all=wirkend.
Alle Wesen leben aus ihm.
Nie versagend / versagt er sich keinem.

Er fördert / ohne zu fordern /
Und wirkt Recht / ohne zu richten.
Daß er unverlangend ist und unerlangbar /
Das ist sein Nichts.
Daß er allumfassend ist und unfaßbar /
Das ist seine Größe.

Also der Erwachte:
Daß er nicht sich will /
sondern Tao durch sich wollen läßt /
Das ist sein Nichts.
Daß Tao ihn erfüllt und durch ihn wirkt /
Das ist seine Größe.

Was Lao=Tse dem Wahrheitssucher mit diesem und den fol=genden Weisheitssprüchen bewußt machen will, ist dies:

Allgegenwärtig und allumfassend ist der Geist des Lebens und der Liebe – und doch unfaßbar. Im Geringsten ist er so wesenhaft wirksam wie im Größten: im Wurm wie im Men=schen, im Atom wie im Universum. Alle Wesen leben aus ihm und in ihm, wie er in ihnen. Gleiches erkannte Paulus: „Es sind vielerlei Kräfte, aber nur ein Gott, der alles in allen wirkt ... Ein Gott und Vater aller, der ist über allen und durch alle und in uns allen."

Jedes Wesen trägt Tao in sich; doch wie wenige sind be=wußte Träger des Tao? Tao dient ihnen – und sie schreiben, sich groß dünkend, das Verdienst sich selber zu ...

Anders der Erwachte:
Indem er allen dient und alles Verdienst Tao zumißt, findet er zu wahrer Größe und gelangt, von Tao erfüllt und gelenkt, zur Vollendung.

Seine Liebe ist ohne Verlangen und Berechnung und kennt weder Herrsch= noch Habsucht. Sie versagt sich keinem und ‚fördert, ohne zu fordern'. Sie umhegt auch das Kleinste und ist tiefer als die Abgründe des Kosmos: alldurchflutend, alles mit sich tragend, all=helfend, wirkt sie leben=gebend und =er=haltend, leben=verwandelnd und =vollendend.

Je selbstloser einer wird, desto näher kommt er sich selbst. Je williger er aus aller Ichhaftigkeit und Eigenheit heraustritt, desto vollkommener tritt Tao in ihn ein. Von Tao erfüllt, hat er alles. Alles besitzend, von nichts besessen, häuft er keine Schätze – außer den dreien: er hat ein Herz für andere – er weiß sich zu bescheiden – er scheut sich, der Erste zu sein.

Nicht nach Größe fragend, wirkt er Großes. Und je mehr er schenkt, desto unerschöpflicher wird sein Reichtum.

## 35. WEISER UND WELTLING

Wer's Vorbild festhält /
Gewinnt alle Welt /
Schenkt leidfreien Frieden /
Gelassenheit und Seligkeit.

Doch der eilige Wanderer /
Den nur äußere Reize locken /
Schmeckt Tao / und nimmt ihn nicht wahr /
Sieht Tao / und erblickt ihn nicht /
Hört Tao / und vernimmt ihn nicht . . .

Wer ihn aber /
Inmitten der Vergänglichkeit /
Ergreift und hält /
Wird vom Unvergänglichen ergriffen /
Und erlangt Dauer.

In diesem Spruch, der im chinesischen Original aus gereimten Zeilen zu je drei Wörtern besteht, setzt Lao=Tse die in den vorigen Versen aufgenommene Unterweisung fort:

Der ‚eilige Wanderer' — wörtlich und doppelsinnig: der *‚vorübergehende Fremde'*, an dem in Wahrheit die Welt vor=übergeht, ihn, der in ihr Gast und Fremdling bleibt, unerfüllt und unbefriedigt zurück=lassend — ist der *Weltling*, der auf der giervollen Jagd nach Sinnengenuß und Besitz weder die Flüch=tigkeit und Bestandlosigkeit der Erdengüter erkennt noch das dahinter verborgene Beständige gewahrt: das Urbild, dessen Schattenspiel und Spiegelbild die Sinnenwelt nur ist. Infolge seiner Blindheit erlangt er weder das Eine noch das Andere und geht, am Ende, mit leeren Händen und friedlosem Herzen von dannen . . .

Da die Empfänglichkeit des oberflächlichen Weltlings noch ganz nach *außen* gerichtet ist, auf die Welt, erscheint ihm TAO, auch wo er sein Dasein und Wirken spürt, noch fade, geschmacklos und ungenießbar, der Geschmack der sinnlichen Dinge und Genüsse hingegen verlockend reizvoll, indes der nach Vertiefung strebende Weise, dessen Empfänglichkeit nach *innen*, auf das Ur= und Vorbild, gerichtet ist, in allem Tao durch=schmeckt, hinter allem Tao gewahrt, jenseits aller Geräusche der Welt das ewige Rauschen des Tao vernimmt. Da er sich in allem an Tao hält, gewinnt er *beide* Welten, die äußere wie die innere, erlangt Zufriedenheit und schenkt Frieden, erlangt Gelassenheit und schenkt Seligkeit denen, die ihm nacheifern. Sein Genuß, sein Schauen und Erkennen ist ohne Ende und frei vom Mißgeschmack des Ungenügens und Unbefriedigtbleibens.

Wer, gleich ihm, hinter dem Vergänglichen das Unvergängliche schaut, ergreift und festhält, der wandelt sich, im Ergriffensein vom Unvergänglichen, vom Weltling zum Weisen — und hat von da an Halt, Gewißheit und Dauer.

Weise geworden, lebt er weiter im Reich der Sinne und des Alltags=Bewußtseins, zugleich aber im Reich des Geistes, in der höheren Dimension des All=Tags= oder Kosmischen Bewußtseins, und ist eben darum *Herr* der Dinge, die ihn vorher verlockten und versklavten.

Von Tao erfüllt, ist er ohne Gier. Ohne Gier, ist er ohne Furcht und Verlust. Mit Tao und sich im Frieden, ist er geeint und zufrieden. Mit Tao geeint, zieht er jene an, denen der Traum und Trug des Vergänglichen nicht mehr genügt, und hilft ihnen, zur Wirklichkeit zu erwachen, die sie mit Gelassenheit und Seligkeit ohne Ende erfüllt und auch die Welt ringsum verklärt und verwandelt.

Wo Weise weilen, spürt die Welt, was die Verwirklichung des Reiches Gottes auf Erden für eine Menschheit bedeutet, in der nicht mehr die Minderheit, sondern die Mehrheit aus Weisen besteht.

## 36. GESETZ DER UMKEHRUNG

Was schrumpfen soll /
laß sich erst aufblähen.
Was schwach werden soll /
laß zuvor stark werden.
Was fallen soll /
laß zuerst aufsteigen.

Willst Du empfangen /
übe Dich im Geben.
Dies heiße ich das Gesetz der Umkehrung:
durch Nachgeben besiegt das Weiche das Harte /
das Schwache das Starke / der Geist die Gewalt.

Wie der Fisch an Land zugrundegeht /
so das Volk an der Gewalt.

Der Erwachte sieht – wenn er vom ‚*Gesetz der Umkehrung*' spricht – die Dinge nicht so, wie sie *scheinen*, sondern wie sie, in der Sicht des Tao, im Licht des Geistes, *sind*.

In dieser Sicht erweist sich das Starke als schwach, das Schwache als stark. Hier offenbart sich im Aufstieg schon der Fall und im Niedergang der Aufstieg, im Entstehen das Vergehen und im Entwerden das Werden, im Anfang das Ende und im Ende der Neubeginn, im Leben der Tod und im Sterben das Leben, im Tun das Nicht=Tun und im Nicht=Tun das Tun. Hier sind die Ersten die Letzten und die Letzten die Ersten; Gewalt enthüllt sich als maskierte Ohnmacht, und die Gewaltlosigkeit als die stärkste Macht.

Und wie wird das Gesetz der Umkehrung zum Wirken gebracht? Durch *Nachgeben.*

Wie der anstürmende Kämpfer durch Nachgeben zu Fall gebracht wird, so wird die Kraft des Bösen, die am Widerstand wächst, durch Nichtwiderstehen gebrochen. Was der tobende Sturm nicht fertig bringt — dem Wanderer den Mantel zu nehmen —, das erreicht die Sonne durch Sanftmut.

Das Gesetz der Umkehrung tritt dort hervor, wo einer nicht widerstehen, nehmen und haben will, sondern bereit ist, zu lassen, zu geben und zu beglücken. Denn geben heißt empfänglich werden, empfänglich sein heißt aufnehmen, aufnehmen aber heißt — innen wie außen — wachsen und zunehmen.

Wer sich verschließt und giert, stößt ab und verliert; wer sich öffnet und gibt, zieht an und gewinnt. Nicht die Gewalttätigen sind die Herren der Erde, sondern die Sanftmütigen. Gleiches meint das Bergpredigt-Wort: „Selig sind die Sanftmütigen, denn sie werden das Erdreich besitzen."

Warum? Weil Gewalt zu Vergewaltigung und Sklaverei führt, Sklaverei zu Widerstand, Widerstand zu Streit und Streit zu Kampf, Krieg und Leid ohne Ende. Doch wenn alle Gewalt längst an sich selbst zerbrochen ist, herrscht die Liebe und segnet die Welt.

Druck und Gewalt werden nie von außen her, durch Gegendruck und Gegengewalt, überwunden, sondern von innen her —: durch den Geist. Durch Nachgeben löst der Geist das Gesetz der Umkehrung aus und besiegt die Materie.

Ohne Gewalt, durch rechtes Denken und Handeln, bestimmt der Weise Gesicht und Gewicht der Verhältnisse; durch *Nicht-Tun* — gelassenes Gewährenlassen der Gewalt — und *Tun* — Waltenlassen der Kraft des Geistes — bewirkt er die Umstellung der Umstände und macht die Ohnmacht der Gewalt sichtbar. Frei von der Unrast der Gewaltanbeter, die, was sie suchen und erjagen möchten, nie erlangen und darum nie zu Frieden und Zufriedenheit gelangen, findet der Weise, ohne zu suchen: den Frieden, die Kraft und die Fülle.

Und wie der Weise, so das *Volk:*

Wie der Fisch nur im Wasser leben kann — Wasser ist Sinnbild und Gleichnis der Sanftmut, des Siegens durch Nachgeben —, so kann auch das Volk nur gedeihen, wenn es gewaltlos, sanftmütig und mit Liebe geleitet wird.

Gewalt hat noch keinem Volke Segen gebracht. Diktatoren und Tyrannen zerbrachen an der Gewalt; Revolutionen fraßen ihre Urheber. Gewalt bringt Unfrieden, Unfriede zerstört. Gewaltlosigkeit aber sichert den Frieden, die Wohlfahrt und den Aufstieg der Völker.

Das ist eine Mahnung an die Machthaber und Herrschenden: Jeder Zwang, den Ihr anwendet, mindert Eure Macht; jedes Unrecht, das Ihr begeht, entmachtet am Ende Euch selbst und wird zum Unsegen für alle. Lernt, durch Sanftmut zu herrschen, durch Nachgeben zu siegen, dann erlangt Dauer, was Ihr wirkt, und wird zum Segen für alle!

Wer so zu leben trachtet, daß er der Gewalt nicht bedarf, der ist auf dem Wege zur Weisheit und erlangt und stiftet Frieden.

Wer das Gesetz der Umkehrung kennt, bleibt von *beidem* unberührt — von Gewinn und Verlust, Zunahme und Abnahme, Sein und Nichtsein —; denn er sieht hinter aller Zweiheit die *Einheit:* TAO.

## 37. ORDNUNG DURCH NICHT=TUN

TAO tut nichts /
und läßt doch nichts ungetan.
Wo die Herrschenden sich gleich verhalten /
wird sich alles zum Besten gestalten.
Und wo der Begierden und Wünsche
Vielfalt sich regt /
wird die Bindung ans EINE sie bändigen.

Bindung ans EINE macht wunschlos /
Wunschlosigkeit wirkt Ruhe /
Ruhe wirkt Ordnung.

In diesem letzten Spruch des ersten Buches vom Tao und Teh faßt Lao=Tse zusammen, worauf es ankommt:

Gleichwie *Tao* ewig im Unbewegten, im Nicht=Handeln, verharrt, und dennoch nichts unbehandelt und ungetan bleibt, und gleichwie die *Sonne* der Erdenwelt unerreichbar fern bleibt, nicht in sie eingreift und doch — kraft ihres Daseins — alles Leben auf Erden hervorruft, ordnet und erhält, so sollen die Regierenden durch Nicht=Tun ordnend wirken — durch ihr Dasein und Vorbild —: nicht durch Verordnung und Gewalt.

*Tao,* der Ewige, ruht bewegungslos in sich selbst. Und doch würde die Welt im Nu vergehen, würde sein ‚Tun durch Nicht=Tun' enden. Denn obwohl er nicht schafft, ist doch nichts, was er nicht schuf und bewirkte. Er tritt nirgends hervor; und doch tritt nichts ohne ihn hervor.

Ihm nachstrebend, trachtet der *Weise,* nichts von sich aus zu tun, sondern Tao, der über allem Tun ist, durch sich wirken zu lassen — im Gewißsein, daß dann das Rechte getan wird. Vorbild für die *Herrschenden,* die ihre Verantwortung nur tragen und ertragen können, soweit sie Tao durch sich wollen und antworten lassen und selbst das Wollen lassen und gelassen bleiben . . .

Soweit die Herrschenden, dem Weisen gleich, sich Tao verbinden und verbünden und göttlich regieren, ohne Verordnung, Zwang und Gewalt, wirken sie – Katalysatoren gleich, die selbst untätig und unverändert bleiben – auf die Wesen, Dinge und Geschicke umwandelnd und erneuernd ein. In ihrem Bereich ordnet sich alles von selbst.

Und wo noch Begierden und Wünsche sich regen, da wird ihr Vorbild, ihre *Tugend*, in der der Wille des EINEN sich äußert, die Menschen zum Wesentlichen weisen und ihnen bewußt machen, daß, wer sich an Tao hält, nichts Geringeres, nichts Äußeres mehr zu erhalten und festzuhalten begehrt. Sie erfahren dann, wie „die Bindung ans Eine wunschlos macht", Nichtbegehren wirkt. Wo Nichtbegehren Lassen des Verkehrten bewirkt, da kehrt sich alles von selbst zum Besten, zur Ordnung. –

Das ‚Wêi-Wu-Wêi' – Tun im Nicht-Tun – ist kein Untätigsein und Nichtstun, sondern Wandlung vom Wesen her, Ordnung von innen her – ohne Eingriff und Mißgriff:

Der Weise tut nichts aus sich; er läßt die Kraft des Tao in den Wesen und Dingen das Rechte tun. Weil er den göttlichen Willen gelassen durch sich geschehen läßt, wirkt er Ordnung und Segen.

In alten Zeiten waren die Weisen die Herrscher, die Herrschenden Weise: sie lebten im Verborgenen und halfen aus dem Unsichtbaren – aus der Sicht des Tao –; darum lebten die Menschen ohne Begehren und im Überfluß – im Einklang mit sich selbst, mit der Welt und dem Ewigen und darum in Eintracht und Frieden. Diese Zeiten kehren wieder, wenn die Weisen zunehmen und die Unerwachten erwachen und erkennen:

Des Weisen höchste Weisheit ist seine Bindung ans unvergängliche EINE. Bindung ans Eine wirkt Entbundensein von der Vielheit, Mannigfaltigkeit und Vergänglichkeit. Bindung ans Eine heißt: innerlich eins und einig sein. Wer mit seinem innersten Selbst – Tao – einig und in Frieden ist, bleibt unbewegt vom Unfrieden der Welt und befriedet die Welt. Je williger er sich nach Tao richtet, desto leichter wirkt er das Rechte und bewirkt, daß alles recht wird. Je gelassener er ist, desto besser läßt sich alles an.

Darum ist Lassen mächtiger als Machen. Des Gelassenen Geist gleicht dem Wasser: unbewegt, wird er zum Spiegel und Spender des Tao.

*II. Buch*

# Teh

# 38. WEISUNG ZUM WESENTLICHEN

Teh / wahre Tugend / will nicht tugendhaft sein /
Darum ist sie tauglich und führt zur Vollendung.
Tugend / die als tugendhaft gelten will / taugt nicht.
Wahre Tugend waltet unsichtbar /
ohne Absicht und ohne Handeln.
Wo Absicht herrscht und Handeln im Sichtbaren /
ist Tüchtigkeit / aber nicht Tugend.

Güte ist tätig / doch ohne Berechnung und Absicht.
Gerechtigkeit ist tätig / rechnet und hat Absichten.
Moral ist tätig und berechnend und greift /
bei Widerstand / zur Gewalt.

Darum:
Fehlt das Wesentliche / das Einssein mit TAO /
nimm Zuflucht zur Tugend.
Fehlt die Unbefangenheit der Tugend /
dann sei Güte Dein Halt.
Mangelt Güte / dann sei gerecht.
Fehlt der Sinn fürs Rechte / bleibt nur die Moral...
Moral ist nur=äußerliche Tugend / ohne Bindung
nach innen /
sie führt ins Wesenlose und ist untauglich
zur Vollendung.

Darum wendet der Weise sich zum Wesentlichen /
nach innen statt nach außen /
zum Kern statt zur Schale /
zum Sein statt zum Schein /
und wird / alles Trachten lassend /
zum gelassenen Träger der Tugend des Tao.

Li=Ör Lao=Tse beginnt das zweite Buch seines Tao=Teh=King mit einer aufrüttelnden Hinweisung auf das Wesentliche:

Tugendhaft = sein = Wollen, Gut = sein = Wollen, Gerecht = sein=Wollen ist nicht Tugend, sondern wie alles, was dem Ich=Willen entspringt, nur Schein und Widerschein der Wirklichkeit.

Wo *Absicht* herrscht, wo auf etwas abgesehen wird, ist vielleicht Güte, Gerechtigkeit oder Moral, doch weder Tugend noch Tao. Wahre Tugend ist selbstlos, weil ich=los, absichtslos und unbewußt. Sie entspringt nicht dem *Eigendünkel*, der *das Ureigenste verdunkelt*, nicht dem Wahn des Ich, sondern der Wirklichkeit des Über=Ich, des TAO.

Je mehr einer aus dem Ich lebt, desto mehr Eigenwilligkeit, desto mehr Absichten, desto mehr Triebhaftigkeit, Umtrieb und Getriebensein, und desto ferner die Vollendung. – Je williger einer hingegen aus dem Urgrund seines Wesens lebt, desto unbewußter und absichtsloser, allverbundener und gottwilliger ist er, desto gelassener und desto näher der Vollendung.

Wo Tugend *gewollt* wird, ist sie nicht mehr Tugend. Das gilt in allen Bereichen:

Güte, die gut sein will, ist nicht mehr gut. Gerechtigkeit, die gerecht erscheinen will, ist nicht mehr das Rechte. Wo das Bewußtsein der guten Werke ersteht, geht das gute Wirken zu Ende. Wo von Güte, Menschlichkeit und Gerechtigkeit geredet wird, ist sie im Schwinden. Wer von seinen Tugenden spricht, hat sie schon verloren. Wer Tugend fordert, fördert sie nicht, sondern verfälscht und vertreibt sie. Wer seinen Charakter rühmt, hat ihn schon verdorben. Denn was bewußt wird, verliert an Wesen. Absicht führt abwärts und mindert die Sicht auf das Wesentliche: Tao.

Lao=Tse wendet sich damit gegen die Lehren des *Kung=Fu=Tse* von der Menschlichkeit, Gerechtigkeit und Sittlichkeit – und gegen jede *Morallehre,* die das *Tun* der Menschen regeln will, dem Weisen aber als Zeichen des Niedergangs gilt statt der Erneuerung.

Denn nicht das Tun, sondern das *Sein* entscheidet. Und das rechte Sein erfließt aus dem *Einssein mit dem Ursein:* Tao. Rechtes Einssein führt zum Tun durch Nicht=Tun, zum Walten ohne Vergewaltigung, zur rechten Entfaltung aus Einfalt, die Zwiefalt und Zwiespalt, Verlust der Mitte und den Fall in die Vielfalt, Entzweiung und Not verhindert.

Mit *„Moral"* (Li) meint Lao=Tse alle von Menschen aufgestellten äußerlichen Regeln von Sitte und Anstand, die von wahrer Sittlichkeit wegführen, weil ihnen das Wesentliche fehlt: die Tugend des Tao. Fehlt das Wesentliche, dann wird aus Gesinnung Gesittung, aus Moral Heuchelei, dann ist Tugendhaftigkeit nur noch Maske der Zuchtlosigkeit und Untauglichkeit — der Anfang der Gewalt und Anarchie und Ausdruck wachsender Entfernung vom Wesentlichen.

*Wahre Tugend* — Teh — ist ihrer selbst unbewußt. Sie „will nicht tugendhaft sein"; sie ist, wie Victor von *Strauß* sagt, „sich selbst keine Tugend, kennt weder, noch will sich als solche, sondern ist sich, wie die erste Kindesunschuld, ihrer selbst unbewußt; nicht wie jene Unbewußtheit, die noch nichts von sich weiß, sondern wie jenes Selbstvergessen vor der Fülle des Göttlichen, welches nur aus Antrieb des Letzteren handelt: *nicht eine noch unverlorene, sondern eine durch Tao wiedergewonnene Unschuld.*"

Höchste Tugend ist nicht mehr Tugend, sondern Tao — und damit über aller Tugend. Aller Tugend Wert wird dadurch bestimmt, wie weit sie aus Tao entspringt und, ihrer selbst unbewußt, einfach *ist.* Wo aus Sein Wollen wird und Absicht, ist Tugend nicht mehr Tugend. Gerade weil sie im Sein, nicht im Tun besteht, ist es ihr weder ums Tun noch ums Gelten. Ihr Nicht=Tun ist Waltenlassen des Tao.

Das ist der Sinn der Besinnung auf das Wesentliche: wo das einzige Ziel das Einssein mit dem Tao ist, da ordnet sich alles von selbst zum Besten. Nichts anderes meint Christi Wort in der Bergpredigt. „Trachtet am ersten nach dem Reiche Gottes, so wird euch alles übrige zufallen": Wer das Reich Gottes in sich gefunden hat, wer wie Christus erkannt hat: „Ich bin im Vater und der Vater ist in mir; wir sind eins!", der hat die Wurzel aller Dinge gefunden, ist zum *Träger des Tao* geworden und allem Bedürfen enthoben.

## 39. LICHT DER EINHEIT

Alles Sein lebt aus dem Licht der Einheit.
Aus ihm erhält der Himmel seine Helle /
die Erde ihre Festigkeit /
der Geist seine Einsicht / der Raum seine Fülle /
das Leben seine Fruchtbarkeit /
und der Führende sein Vorbild.

Loderte nicht in allem das Licht der Einheit /
der Himmel verlöre seine Helle /
die Erde ihre Festigkeit /
der Geist seine Einsicht / der Raum seine Fülle /
das Leben seine Fruchtbarkeit /
und der Führende sein Vorbild.

Darum lebt der Weise bewußt aus dem
Licht der Einheit /
wie die Krone des Baumes aus der Wurzel.
Darum nennen die Führenden sich des
Volkes Diener /
der Einfalt des Einen gedenkend /
vom Geist des Einsseins geleitet.

Bedenke: die Teile des Wagens sind noch
nicht der Wagen.

Nur der vom Licht der Einheit /
vom Geist des Ganzen Erfüllte
strahlt wie ein Edelstein über der Menge
lichtlos=stumpfer Steine.

Zeigte Lao=Tse im vorigen Vers, wie alles verfällt und zerfällt, wenn das Wesentliche fehlt, so macht er dem Wahrheitssucher nun bewußt, *was* alles Sein erhält und zusammenhält: *das Licht der Einheit,* die primäre Offenbarung des Tao.

Wie die Vielzahl der Zahlen sich auf *eine* zurückführen läßt – die ‚Eins' als das Fundament ihrer Einheit –, so die Mannigfaltigkeit des Lebens und Seins auf ihren gemeinsamen Wurzelgrund: das Licht der Einheit, ohne das sich alle Atome aus ihren größeren Zusammenhängen lösen, alle Welten und alle Formen vergehen und alle Kosmen ins Chaos zurücksinken würden.

Alles Leben lebt aus seinem inneren *Einssein.* Wo es dies nicht mehr sieht, geht es zu=grunde, sinkt es in den Urgrund und Ursprung zurück: in den Urquell der Gemeinsamkeit, in dem das Licht der Einheit ewig leuchtet.

*„Die Teile des Wagens sind noch nicht der Wagen":* das Ganze ist mehr als die Summe seiner Teile. Erst der *Geist des Ganzen* macht aus Wagen=Teilen den Wagen.

Die Zellen und Organe des Leibes sind noch nicht der Mensch. Der lebendige Mensch ist mehr als die Summe seiner Zellen und Organe: erst der Geist des Ganzen gibt den Teilen Leben und dem Körper Seele und Sinn.

Erst der Geist des Ganzen – das Licht der Einheit – gibt jedem Einzelnen seinen Platz, seine Aufgabe und seinen Sinn. Wo dies verkannt wird, wo die Sicht des Einen fehlt, trübt sich das Licht der Einheit. Trübt sich das Licht der Einheit, verliert der Geist die Einsicht.

Dabei ist, was er einsehen soll, seit je *in ihm,* wird ihm aber nur bewußt, wenn er nach innen sieht, und nur sichtbar, wenn ein Strahl des inneren Lichts darauf fällt. Durch das innere Licht wird aus Innen=Sicht *Einsicht:* intuitive Schau der Wahrheit, Gewißsein als Frucht des Einsseins von Erkenner, Erkanntem und Erkenntnis – also *Einssicht,* Sicht des Einen.

In dieser Sicht des Einen finden die Führenden ihr Vorbild. Ihr Erfülltsein vom Licht der Einheit begründet ihre Hoheit, sein Fehlen offenbart ihre Hohlheit.

Lao-Tse kennt und anerkennt nur *einen* Adel: den des *Geistes.* Vom angemaßten Führertum gilt wie vom Adel des Blutes, der nicht zugleich Adel des Geistes ist: Wer sich selbst erhöht, wird erniedrigt. Wer aber sich selbst erniedrigt und sich zum Diener aller macht, wird erhöht und den Lichtsuchenden zum Führer.

Nur wer sich zum Tal erniedrigt, wird erfüllt. Nur der Dienende herrscht. Alles Edle wurzelt im Einfachen. Soweit die Führenden der Einfalt des Einen gedenken, dienen sie der Entfaltung des Guten in allen. Soweit sie ihrer Herkunft aus dem Volke und ihres Verwurzeltseins in ihm bewußt bleiben und allen gleichermaßen dienen wollen, erblüht aus der Einheit aller das Glück aller.

Denn wer im Lichte der Einheit steht, vermag alles zu ordnen. Unter seinen Händen wird alles fruchtbar. Wo der Geist des Ganzen waltet, ist Vorbild und Ordnung, Einsicht und Einmütigkeit, Fruchtbarkeit und Fülle, Helle und Halt.

## 40. ZURÜCK ZUR QUELLE

Zurück zur Quelle führt Weg und
Bewegung des Tao /
Nicht=Tun ist sein Wille und Wesen.

Alle Wesen und Dinge entspringen dem Sein /
das Sein aber gründet im Nicht=Sein.

*Zurück zur Quelle!* ruft der Vollendete die Weisen, die zur Wirklichkeit erwachen wollen: durch Rück=Verbindung mit der Quelle findet ihr zu euch selbst, zu eurem wahren, göttlichen Selbst, das zugleich das All=Selbst ist. Damit schließt sich der Kreis, endet der Kreislauf des Vergehens und Werdens.

Rückkehr heißt *Heimkehr:* das einzige Heim, aus dem euch nichts vertreiben kann, ist der Gottgrund der Seele, der unbewegt in Tao ruht. Löst Blick und Herz von dem, was außen ist; kehrt heim in das, was innen ist; denn außen ist Wandel, dort hat alles ein Ende, innen aber ist Ruhe und Vollendung.

Das Wesen des Vollendeten, des Tao=Erfüllten, ist Nicht=Tun und Nicht=Sein. Wo das Tun herrscht, ist nicht Tao. Wo Tao ist, waltet Nicht=Tun. Wo Werden und Vergehen ist, ist nicht Tao. Wo Tao ist, ist wandelloses Wesen.

Was dem Unerwachten als Weg und Bewegung, Wechsel und Wandel, Entwerden und Werden erscheint, enthüllt sich dem, der zur Quelle, zum All=Bewußtsein, zum Mittelpunkt des Kreises und Kreisens heimfand, als Unbewegtheit im Wesen:

Der Stein zu deinen Füßen erscheint dir als Sinnbild starrer Ruhe, weil du nicht den Wirbel der Billionen Atome und Elektronen gewahrst, deren rasende Bewegung deinen Sinnen den Trug steter Unbewegtheit vorgaukelt ...

Die Sterne über dir scheinen dir in der Jugend wie im Alter, ja solange Menschen zum Himmel aufblicken, unverändert an der gleichen Stelle zu verharren. Du siehst nicht, daß der Sternenhimmel ein Schneegestöber umeinander wirbelnder Sonnen und Spiralnebel ist und daß es *oben* wie *unten* — im Makrokosmos der Gestirne wie im Mikrokosmos der Atome — keine Ruhe, keinen festen Punkt gibt ...

Die Bewegung *unten* ist für dein Bewußtsein und deine Sinne zu rasch, die *oben* zu langsam. Für den zum Kosmischen Bewußtsein Erwachten aber entwird *alle* Bewegung, unten wie oben, zur Ruhe im unbewegten Absoluten. Sein Auge ward das des unbewegten Allbewegers ...

Da Nicht-Tun Wesen und Wille des Tao ist, findet nicht der nach ihm Verlangende und Greifende zu ihm, der rastlos Handelnde, sondern nur der — auch sich selber — *Lassende.*

Die Unerwachten mehren ihr Wissen bis an ihr Ende mühsam durch Tun. Der Erwachte schöpft Weisheit ohne Ende aus dem Nicht-Tun: im gelassenen Entsinken ins Meer der Gottgewißheit. Nicht wirkend, bewirkt der Weise — durch sein Sein —, daß sich alles zum Besten ordnet. Er lehrt durch Schweigen, führt durch Lassen. Nicht-seiend, nichts wollend, nichts bezweckend und nichts suchend, findet er alles.

Tun führt, im Letzten, zu Vielfalt und Fülle, Nicht-Tun zur Erfüllung und Vollendung im Einssein, das Freisein ist vom Wahn des Zweiseins und Getrenntseins, Heimkehr zur Einheit des Seins im überseienden Nicht-Sein, zum All-Bewußtsein des Tao.

## 41. SEIN UND SCHEIN

Der Weise / der Tao vernimmt / folgt ihm.
Die minder Weisen / die von Tao vernehmen /
wenden sich ihm zu / und kehren sich wieder ab.
Die Unweisen / die von Tao hören / lachen darüber.
Toren kann das Höchste nur töricht erscheinen.

Für sie gilt das Wort:
Der von Tao Erleuchtete scheint dunkel /
sein Fortschreiten zum Tao erscheint als Rückschritt.
Sein Weistum erscheint als Irrtum /
sein Erfülltsein von Tao als Leere.
Seine Tugend erscheint als Untauglichkeit /
seine Güte als Dummheit.
Weil Tao sein Halt ist / erscheint er haltlos.
Weil er in sich ruht / wirkt er beunruhigend.
Weil er nicht rechnet / erscheint er unberechenbar.
Denn das Unsichtbare kann man nicht fassen /
das Unendliche nicht messen /
das Ewige nicht ausloten /
den Urgrund nicht ergründen.

Obwohl aller Wesen Ursprung und Vollendung /
ist Tao verborgen und namenlos.

Wie weit einer Tao vernimmt und aufnimmt, hängt von seiner inneren Wachheit und Reife ab:

Der Weise wird sich, wenn er Tao vernimmt, von ihm ergreifen, erfüllen und leiten lassen und als williges Werkzeug des Ewigen ohne Eigentun das Rechte wirken.

Die weniger Weisen verlangen wohl nach dem Licht und Leben, der Fülle und Kraft des Tao, werden aber von ihrem Hang zur Welt davon abgehalten, sich ganz dem Ewigen zu weihen und den Schein zu lassen. Und da sie die Welt nicht lassen, können sie Tao nicht fassen.

Den ganz in der Sinnenwelt Lebenden muß das außer- und übersinnliche innere Sein als Wahn erscheinen. Reales Sein ist ihnen nur das äußere Leben; das innere erscheint ihnen als etwas Irreales und Utopisches, über das sie als im ‚wirklichen Leben' Stehende nur lachen können. Es sind jene Sinnenmenschen, von denen Paulus sprach: „Sie vernehmen nichts vom Geiste Gottes; es ist ihnen eine Torheit."

Außer dem unmittelbaren inneren Vernehmen, das den Weisen kennzeichnet, dem mittelbaren äußeren Vernehmen, das den weniger Weisen eignet, und dem bloßen Hörensagen, mit dem die Unweisen sich begnügen, gibt es tausend Reifestufen, von denen die Welt nichts weiß. Denn die ‚Welt' wertet die Menschen nach ihrem äußeren Wissen und Können, während in Wahrheit nur der Grad des inneren Wach- und Weiseseins wesentlich ist . . .

Da die Unweisen das Wesentliche weder greifen noch begreifen, können sie es nur verneinen und verspotten. Weisheit, die von Toren begriffen werden könnte, wäre keine Weisheit. Das Licht der ‚Welt' macht die Welt des Lichts unwahrnehmbar für alle, die noch nicht zum inneren Licht erwacht sind.

Daher die Fremdheit des von Tao Erleuchteten in der Welt der Nichterkenntnis:

Da er nichts tut, um sich selbst ins Licht zu setzen, erscheint er den Unerwachten dunkel und unbegreifbar. Da in dem Maße, wie das innere Licht in ihm aufgeht, seine Eigenheit, sein Ich zurücktritt, erscheint sein Verhalten und Tun mit Alltagsmenschenmaß nicht meßbar und beunruhigend. Je wesentlicher er wird, desto ungenügender erscheint er den Unerwachten. Seine Tao-Erfülltheit und Tugend empfinden sie als Untauglichkeit, weil für weltliche Zwecke nicht verwendbar. Was der Weise als Vorzug wertet, gilt ihnen als Nachteil; und da er nicht auf seinen Vorteil, sondern auf das Wohl aller Wesen aus ist, nennen sie sein Verhalten dumm und weltfremd.

„Weil er nicht rechnet, erscheint er unberechenbar" – wie die Quadratur des Kreises, wie ein Gefäß ohne Boden, wie ein abstraktes Gemälde mit unenträtselbaren Konturen und Farben – oder wie eine Stimme aus dem Unsichtbaren, die den Sinnentraum-Umfangenen unerwartet aufscheucht ...

Und nicht weniger unberechenbar und fremd erscheint den Unerwachten Tao selbst, obwohl er in ihnen lebt und sie in ihm – wie die einzelne Zelle im Körper, der einzelne Stern im Weltganzen, der einzelne Geist im Lebensganzen ...

Die von Lao-Tse gegebenen Beispiele wollen diesen Widerspruch zwischen Sein und Schein sichtbar machen, der sich nur löst, wenn der Mensch, zum inneren Licht und zur Sicht des Einen erwachend, zur *Einsicht* findet. Dann wird das Wichtige nichtig, das Große klein, das Unscheinbare bedeutsam, und Dunkelheit wird Licht.

## 42. WENIGER IST MEHR

Aus Tao ward der Eine.
Der Eine zeugte die Zwei.
Zwei schuf Drei.
Aus Drei erfloß die Vielzahl der Wesen /
die außen Schein sind / innen Sein /
beides geeint durch den Geist.

Die Vielen fürchten das Innen=, *Ein*sam=
und Wenigsein.
Die Wenigen / die Führenden /
geben ihm den Vorzug /
wissend / daß Mehr=Sein weniger ist /
und weniger mehr.

Was die Weisen lehren / lehre ich auch:
Gewalt zerbricht an sich selbst.
Darum leitet meine Lehre zum Lassen.

An der kosmischen Evolutionslehre demonstriert Lao=Tse, daß weniger mehr ist:

Aus Tao, dem Absoluten, der Weltengottheit, dem Nichts als überseienden Nicht=Sein, der *Null* als der kleinsten Zahl, ging der *Eine* hervor: Gott, der schöpferische Wille, der ‚Vater'.

„Der Eine zeugte die Zwei:": den ‚Sohn', der zugleich der Gottfunke, das lichte Innere, das innere Licht, in jedem We=sen ist.

„Zwei schuf Drei": den Geist, dessen Offenbarung die sicht=bare Schöpfung ist — die Vielzahl der Welten und, auf jeder Lebenswelt, die Vielzahl der Wesen, die ihrer äußeren Erschei=nung nach nur das flüchtige Dasein von Traumgebilden haben, ihrem inneren Sein nach aber Träger göttlichen Wesens sind, aus dem sie kommen und mit dem sie im Innersten *eins* sind — auch wenn sie es nicht wissen, weil sie nicht bewußt atmen und leben. Täten sie es, würden sie wissen: in uns atmet der Geist der Gottheit!

Gleiches besagt die Kosmologie der Taoisten:

Aus Tao, dem Urlicht, ward der Eine: der Schöpfer der Welten. Er zeugte die Zwei: *Yang* (den Himmel, die Sonne, das Erleuchtende, Gestaltende, Schaffende, Männliche) und *Yin* (die Erde, das Dunkle, Ungestaltete, Empfangende, Weibliche). Zwei schuf Drei: *Khi* (Seele, Lebensgeist, Prana, Hauch, Atem), den Mittler zwischen Geist und Materie.

Aus der Dreifalt entsprang die Vielfalt der Wesen, deren jedes wiederum Träger dieser Dreifalt ist: außen ist es Leben, Atem, Bewegung; innen ist es Seele, Geist; und im Innersten: das unbewegte Absolute, das ruhende Sein selbst.

Jegliches Geschöpf ist außen Erde und wird wieder zu Erde. Innen ist es Sonne, Licht. Im Erwachen der Seele werden beide eins, mit dem Ursprung und Urlicht geeint.

*„Weniger ist mehr"*: Je kleiner die Zahl, desto näher der Null, dem Absoluten. Je näher dem Innen, desto näher der Eins, dem Einssein und — darüber hinaus — der Null, dem ‚Nichts' des überseienden Nicht-Seins, dem *Tao*.

Gewiß ist Tao — wie Null und Eins in allen Zahlen enthalten sind — allen Wesen innewohnend. Aber um zu ihm zu erwachen und zu ihm zu entwerden, gilt es, nach dem Weniger zu streben statt nach dem Mehr.

Denn nur wenn das Ich schwindet, kann das Selbst wachsen; und nur wenn das Selbst entwird, kann es im Allselbst auferstehen.

Das ist die Involution des Kosmischen Bewußtseins, die der Evolution des kosmischen Werdens folgen muß, damit die Kinder Gottes ins Vaterhaus heimkehren.

Darum: je weniger Schein, desto mehr Sein. Je weniger Außen, desto mehr Innen. Je weniger Vielheit, desto mehr Einheit mit dem Einen. Indem die Wenigen sich selbst erniedrigen, werden sie erhöht zu Trägern des Tao.

Weil Mehrsein zu Gewalt verleitet und alle Gewalt an sich selbst zerbricht, leitet der Weise zum Weniger- und Gewaltlos-Sein. Denn nicht der Gewaltsame ist der Gewaltigste, sondern der Gewaltlose. Sein Lassen ist Waltenlassen des Tao, der als der Allerinnerste der Mächtigste ist.

Wer nach äußerer Macht verlangt, verlängert nur seine Ohnmacht. Wer läßt, erlangt Vollendung.

## 43. WAS WENIGE WISSEN

Das Sanftmütige überwindet das Starre /
Das Nichtseiende durchdringt das Seiende /
Darin liegt die Überlegenheit des Nicht=Tuns.

Ohne Worte zu überzeugen /
ohne Wirken zu gewinnen /
Wenigen in der Welt gelingt es.

Hier wie in späteren Versen will Lao=Tse uns bewußt machen, *warum* das Zarte das Harte überwindet, das Nachgiebige das Widerstehende, das Weiche das Hartnäckige gewaltlos überwältigt:

Weil das Nichtseiende, das Unsichtbare, Formlose, das Innerste und Innerlichste alle sichtbaren Formen, alles äußere Sein durchdringt, erfüllt, trägt und erhält, erweist sich der, der *sich* – sein Ich – zum Geringsten und Nachgiebigsten macht, als dem Härtesten und Stärksten überlegen.

Wie die unsichtbare Kraft des Magnetismus die Moleküle des starr und hart scheinenden Eisenstabes mühelos umlagert und diesen in einen Magneten verwandelt, so wandelt der Willige durch sein Nicht=Wirken – das Wirkenlassen der unsichtbaren Kraft des Tao ist – den Widerstrebenden in einen Gleichwollenden – und demonstriert damit die Überlegenheit des Nicht=Tuns.

Der Höchste bedarf keiner Gewalt, weil nichts seiner allverwandelnden Kraft widerstehen kann. Gleichermaßen bedarf der Weise keiner überredenden Worte: je ich= und tat=loser, desto machtvoller wirkt sein Dasein und Beispiel. Ohne sein Zutun betätigt sich durch ihn die Gottkraft des Tao.

Wie dem Sein das Tun, so ist dem Nichtseienden das Nicht=Tun am gemäßesten. Die Wenigen, die Weisen, wissen es und lassen das Innerste walten. Die Vielen, die Unweisen, erken=

nen es nicht, wiederstreben dem Innersten und zerbrechen an ihrem Widerstand aus Unverstand.

Die Welt weiß wenig vom waltenden Innern; sie vertraut der äußeren Macht der Gewalt. Doch die Wenigen wissen darum und wandeln, durch Waltenlassen, die Welt. Sie haben erkannt:

Wer gewaltsam wirkt, verwirkt das, was der Lassende gewaltlos gewinnt.

## 44. WAS BESSER IST

Name oder Selbst / was steht dir näher?
Sein oder Habe / was ist dir mehr?
Erlangen oder Lassen / was ist besser?

Wächst das Gieren und Anhängen /
wächst auch das Verhängnis.
Denn an Habe gewinnen heißt an Sein verlieren.

Wer das Vergängliche läßt / entgeht dem Vergehen.
Wer inne hält / findet innen Halt
und mit ihm Fülle / Erfüllung und Dauer.

Übersieh das Beste nicht! mahnt Lao=Tse, wenn er fragt, was uns mehr gilt: unser Name und Ruhm oder unser Selbst — Schein oder Sein — Bild oder Wesen— unsere Persönlichkeit, die nur Maske ist, oder unser innerstes ewiges Selbst.

Seine Mahnung gemahnt an Christi Wort in der Bergpredigt vom Nichtsorgen — „Ist nicht das Leben mehr denn die Speise? Und der Leib mehr denn die Kleidung?" — und an den Ruf des Vollendeten zur Besinnung auf das Wesentliche: „Trachtet am ersten nach dem Reiche Gottes . . ., dann wird euch alles (dessen ihr bedürfet) hinzugegeben."

Jeder muß sich selbst für das Bessere entscheiden: für den äußeren Besitz oder das innere Selbst — seine Habe oder sein Sein — für das kein Genüge kennende Erlangen mit Hangen und Bangen oder das gelassene Lassen des Genügsamen, der immer genug hat . . .

Die Wortspiele, die der Weise liebt, wollen die Gesetze des Lebensspiels, die den Liebenden weisen, ent=hüllen und uns be=wußt machen, daß sich erst in der Beschränkung der Meister zeigt:

Während der dem Äußeren Anhängende jedem Verhängnis ausgeliefert ist, erlangt der Lassende Fülle und Erfüllung von innen. Ihm ist Lust und Gewinn, was der nach außen Blickende Verlust nennt.

Wie der *Gierende* zwiefach *verliert* – zuerst am Sein, was er an Habe gewinnt, und dann an Glück und Zufriedenheit, wenn das Gewonnene, spätestens beim Tode, ihm wieder entgleitet –, so *gewinnt der Genügsame* zwiefach: er hat genug, lebt in Frieden mit sich und der Welt und findet zugleich Erfüllung seines höheren Sehnens: Vollendung und Dauer.

Das meint des Weisen Wort: *Wer gierend vorwärts stürmt, steht still; wer inne hält, schreitet voran.*

Wer das erkannt hat, weiß, was besser ist.

## 45. RICHTMASS DES WEISEN

Rechte Vollendung erscheint unvollkommen /
und doch kommt aus ihr die Fülle.
Höchste Erfüllung gleicht der Leere /
und bleibt doch unausschöpfbar.
Echte Geradheit erscheint mißraten /
größte Weisheit klingt wie Torheit /
höchste Beredsamkeit wie Stammeln . . .

Wie Bewegung die Kälte meistert /
so Ruhe die Hitze.
Gelassenes Tun ist des Weisen Richtmaß.

Wie im 41. Spruch macht Lao-Tse nochmals deutlich, daß die Welt Wesen und Wirklichkeit der Überwelt nicht begreift, Schein und Sein nicht zu unterscheiden weiß.

Darum erscheint ihr, die sich für ‚aufgeweckt' hält, der zur Wirklichkeit Erwachte wie ein Träumer, seine Erleuchtung als Dunkelheit, seine Gottzugewandtheit als Unzweckmäßigkeit, seine Tao-Erfülltheit als Leere und seine Weisheit als törichtes Gestammel . . .

Anders der Weise: ihm ist Selbstsein, Selbstwollen und Selbstleuchten Verlust des Wesentlichen, Selbstlosigkeit, Gotteinwilligkeit und Erleuchtetsein Gewinn. Erkenntnis gilt ihm mehr als Kenntnis. Seinserfülltheit mehr als die Fülle des Habens, Gelassenheit aus Zielgewißheit, wie sie der hastlosen Natur eigen ist, mehr als die lärmende Hast des Weltlings, der vom Ziel nicht weiß und darum seinen Weg nicht kennt.

Aber eben weil er, der Weise, *auf dem Wege* ist, empfindet auch er — wie die Welt, aber in einem höheren Sinne — jede erlangte Vollkommenheit als unzulänglich, weil auf abermals höhere Vollendung hinweisend, jede Erfüllung als Leere, weil sie nur Herold größerer Erfüllungen ist, und jedes Wort als schal, weil es noch Schale ist, nicht Kern der wortelosen Weisheit ...

Daß Bewegung die Kälte meistert und Ruhe die Hitze, gilt nicht nur im physischen Bereich, sondern auch im Geistigen. Gelassenheit läßt die Leidenschaft, die Leiden schafft, im Nichts verebben, wie Schweigen den Streitenden und Nichtwiderstehen den Widerstand der stumpfen Welt überwindet.

Darum ist gelassenes Tun – Bewegung in Ruhe – des Weisen Richtmaß: er bleibt in Bewegung, um die Erstarrten zu erwärmen und mitzureißen. Da seine Bewegung nicht Ichbewegtheit, sondern Gottgelassenheit ist, wirkt er, selbst in Frieden, auf die Ruhelosen befriedend. Weil sein gelassenes Tun, sein Lassen im Tun, der ewigen Stille, der Stillheit des Ewigen entquillt, wirkt er, nicht rechtend, Gerechtigkeit, meistert, stillhaltend, die Verhältnisse, bewegt, die Kälte, ruhend, die Hitze der Leidenschaften, und wird, ungewollt und unerkannt, zum Richtmaß der Welt.

## 46. ZUFRIEDENHEIT GIBT FRIEDEN

Herrscht Tao auf Erden /
ziehen Streitrosse den Pflug.
Fehlt Tao /
zerstampfen Kriegsrosse die Äcker.

Nichts ist unheilsamer als Gieren /
nichts verhängnisvoller als Anhängen /
nichts leidvoller als Gewinnsucht.

Wer sich zu genügen weiß / hat immer genug.

Mit diesem Vers, der keiner Erläuterung bedarf, schließt Lao-Tse die vorangegangenen Unterweisungen ab, nochmals die Wurzel allen Heils sichtbar machend – *Tao:*

Wer Tao hat, hat alles und darum immer genug. Wo Tao mangelt, herrschen Ungenüge und Unzufriedenheit. Unzufriedenheit weckt Gier und Gewinnsucht, läßt am Besitz hängen und führt ins Verhängnis: zu Willkür und Unrecht, Streit und Krieg, Mangel und Not. Dann zerstören, wie wir es heute erleben, Kriegsrosse und Panzer die Äcker, und die Welt lebt in Angst. –

Wer den Gelüsten frönt, geht der Lust des Genügens verlustig. Darum ist „nichts unheilsamer als das Gieren".

Der Besitz-Besessene ist der geplagteste. Darum ist „nichts verhängnisvoller als das Anhängen".

Wer Gewinn sucht, verliert. Genügsamkeit führt zur Fülle. –

Die Wandlung, die uns allen nottut, beginnt im Innern des Einzelnen: in seinem Denken, beim rechten Erkennen. Rechtem Erkennen und rechter Einsicht folgt rechtes Tun und diesem Segen und Fülle für alle. Fülle und Eintracht herrschen, wo erkannt wird, daß alles gut und genug da ist. Genügsamkeit verbürgt Frieden.

## 47. STREBEN NACH EINSICHT

Ohne aus dem Hause zu gehen /
kann man die Welt erkennen.
Ohne aus dem Fenster zu sehen /
kann man das Höchste schauen.

Wer sich viel umsieht /
verliert an Einsicht.
Darum erkennt der Weise / ohne fortzugehen.
Er begreift / ohne hinzusehen /
und vollendet / ohne zu handeln.

Was der Weise uns lehren will, ist die Kunst *un*mittelbaren Erkennens: nicht von außen, sondern von innen.

Wichtiger als die Tore und Fenster Deines Hauses sind die Deiner Seele: sie öffnen sich nach innen – zu dem, das höher ist als Himmel und Erde. Das Höchste ist nicht das Fernste, sondern das Nächste – im Innersten Deines Innern. Hast Du zu ihm gefunden, hat alles Suchen ein Ende.

Der Mikrokosmos ist der Schlüssel zum Makrokosmos. Im Kleinsten erkennt man das Größte, im Nächsten das Fernste. Darum ist höchste Selbsterkenntnis zugleich tiefste Welterkenntnis.

Außenwege sind immer Umwege. Innenwege sind Zielwege. Ohne hinaus zu gehen und zu sehen, ja ohne die Augen zu öffnen, kann man schauen. So sieht der Mystiker. Die Außensinne verriegeln heißt die Innensinne öffnen und außersinnlich wahrnehmen. Wenn der Körper schweigt, hört, sieht und antwortet der Geist.

Am weitesten gelangt darum, wer weniger ausgeht und mehr in sich geht.

Die beste Aussicht hat, wer nach innen sieht und nach Einsicht strebt. Wer im Innen=All zuhause ist, durchschaut und kennt die Außenwelt am besten.

Wer um die Allsicht und =macht des Geistes weiß, erlangt ohne Verlangen und Hinlangen, gelangt ans Ziel, ohne sich zu bewegen, und reift, ohne sich zu mühen.

## 48. WISSEN ODER WESEN

Wer nach Wissen strebt / nimmt täglich zu.
Wer dem Wesen folgt / nimmt täglich ab.
Er mindert sein Tun / bis Nicht=Tun erreicht ist.

Beim Nicht=Tun bleibt nichts ungetan.
Denn Nicht=Tun erringt das Reich /
Das sich dem Tun verschließt.

Indem Lao=Tse an den letzten Satz des vorigen Spruchs anknüpft, wo es vom Weisen hieß, ‚er vollende, ohne zu handeln', stellt er uns erneut vor die Entscheidung: *Wissen* oder *Wesen?*

Führt das eine zur Kenntnis des Vielen, so das andere zur Erkenntnis des EINEN. Bringt Wissens=Mehrung Aufblähung der Ichheit, so Wesens=Folge Entwerden zur Allheit. So ist der Zunehmende der Verlierende, der Abnehmende der Gewinnende; denn wer im Sichtbaren schwindet, wächst im Unsichtbaren.

Alles Wissen der Welt bringt uns der Weisheit nicht näher, wie auch der christliche Mystiker erkennt: „Wenn du alles Wissen der Heiligen Schriften besitzest und alle Sprüche der Weisheit kennst, aber der Weisheit der Sprüche ermangelst, bist du der Erkenntnis des Wesens ferner denn je. Erst wo das Wissen endet, ist der Weisheit Anfang."

Eigendünkel verdunkelt das Wesen; Nicht=Tun erhellt und offenbart es. Der eine kommt an kein Ende; das andere führt zur Vollendung.

So handelt der Weise:

Er entläßt das Selbstische und Wesenlose, das Welt= und Ichhafte, das gierende Selbsttun und Hervortun – und endet beim Nicht=Tun, bei dem „nichts ungetan bleibt". Denn je weiter das Ich nicht=handelnd zurücktritt, desto stärker tritt Tao wirkend hervor.

So ist Nicht=Tun kein Nichtstun, sondern Tao=Tun: Tun des Guten, als tue man nicht, Waltenlassen des Tao.

„Nicht=Tun erringt das Reich": Die Geschäftigen, die ihre *Geschicklichkeit* rühmen, bleiben Spielball des Schicksals; der Weise, der sich in Tao schickt, erlangt *Geschicktheit*, ordnet, nicht=handelnd, das Geschehen und wird zum Erben des Reichs, zum Träger der Fülle und Vollendung.

## 49. DES WEISEN HERZ

Der Weise hat kein eigen Herz /
Sein Herz schlägt in allen.
Weil sein Wesen Güte atmet /
Ist er gleich gütig zu den Guten wie zu den Unguten.
Weil sein Wesen Offenheit atmet /
ist er gleich offen zu den Aufrichtigen
wie zu den Unwahren.

Dem *Einen* hingegeben /
Bleibt er allen aufgeschlossen /
Als wären sie seine Kinder /
Und gewinnt damit ihre Herzen.

An zwei Beispielen zeigt der Mystiker, daß die Tugend des Weisen – Teh – Wirkenlassen des Tao ist. Der Tao=Geeinte ist mit allen Wesen eins: in allen ist Tao, in allen schlägt sein Herz.

Sein Wesen atmet Güte, weil er von Eigensucht frei ist: in anderen wie in sich sieht er nicht das abgesonderte und abson=dernde kleine Ich, sondern das große gemeinsame Gottselbst. Er weiß: „Ich bin in Tao, und Tao ist in mir", oder sinngemäß: „Ich und der Vater sind eins". Und da die Gottheit, der All=geist, der ‚Vater' sich in allen Wesen bildhaft spiegelt und als der gleiche eine ewige Geist *in allen* am Werke ist, sind dem Weisen alle wie sein eigen Herz und Wesen und gleicher Liebe wert.

Die Unweisen nennen sein Verhalten widerspruchsvoll, weil sie wohl Güte mit Güte, Nichtgüte hingegen mit Strenge und Abwehr und Unwahrheit mit Strafe und Unaufrichtigkeit be=antworten – und nicht einsehen, wie kindlich und unreif ihr Verhalten ist. Denn wer sich, andere verurteilend, über sie stellt und sich für besser hält, offenbart sein Geringersein und stößt ab ... Der Weise, dessen Sinn und Sinnen Tao ist, der frei ist von Eigen-Sinn und Eigen-Wollen, läßt gelten, statt Vergeltung zu üben, ist zu allen gleich gütig und offen – und gewinnt ihre Herzen.

Die Ethik Lao-Tse's ist der Christi wesensverwandt. Es ist die Ethik aller Mystiker in Ost und West: wie können sie, da der *Eine*, dem sie hingegeben sind, *in allen* ist, anderes sein als Brüder, Diener und Helfer aller? Auch Feindesliebe wird hier zur Selbstverständlichkeit: der Weise wertet den feindlich Gesinnten als sein Kind, das seiner Liebe und Hilfe bedarf, um zum Guten zu finden; und er erfährt als Frucht dieser Haltung die Wahrheit der Verheißung: „Selig sind, die reinen Herzens sind, denn sie werden Gott schauen"; er schaut Gott im Nächsten wie in sich selbst und ist mit allen ein Geist, ein Wille, *ein Herz!*

So macht nicht die Hand und das Handeln, nicht das Hirn und das Wissen, sondern nur das *Herz* wahrhaft frei. Denn sein Tun und seine Weisheit ist Liebe – und Liebe erlöst.

Die Hand kann Fehler begehen, das Hirn kann irren, aber das Herz – als Organ des Göttlichen im Menschen – lenkt Hirn und Hand zum Höchsten. Darum der Weisen Rat: „Folgt eurem Herzen, in dem die Stimme Gottes ertönt und die Weisheit des Ewigen lebt! Dann könnt und wollt ihr, da der Ewige in allen ist, nichts anderes sein als Diener und Helfer aller."

Da der Weise durch seine Güte im Guten wie im Unguten das *Gute* anspricht und seine Offenheit im Aufrichtigen wie im Unwahren den Willen zum Offensein mehrt, wirkt er das Wachstum des Guten in allen. Und je mehr die anderen fühlen, daß sein Herz in ihnen schlägt, desto deutlicher erblicken sie in ihm ihr größeres Selbst. Sie spüren das Göttliche in ihm und seine Liebe als die eines Vaters zu seinen Kindern – und neigen ihm zu. Weil er sein Herz gibt, erntet er Herzen.

## 50. LEBEN OHNE TOD

Ins Leben hinausgehen heißt ins Sterben eingehen.

Drei von zehn bejahen das diesseitige Leben /
Drei von zehn bejahen das jenseitige Leben /
Drei von zehn verneinen das Leben und
fürchten den Tod.
Diese neun sehen nur das äußere Leben /
und verfallen dem Tode.

Der Zehnte aber / der Weise /
schreitet durchs äußere Leben
ohne Ja und Nein / ohne Gier und Furcht /
des inneren gewiß.
Keine äußere Macht kann ihn halten /
keine Gewalt kann ihn vernichten /
kein Tod kann ihn treffen /
weil er jenseits des Todes lebt.

Dieser Spruch ist in seiner Mehrdeutigkeit ein Prüfstein, an dem sich erweist, wie weit einer zum lichten Kern der Wahrheit und Weisheit vorgedrungen ist:

Wo immer Leben fortschreitet, schreitet es dem Tode zu. Es ist nicht nur kurz, es ist ein bloßer Augenblick eines Traums in einem tieferen Traum, aus dem nur der erwacht, der sich nach innen wendet.

Erwacht ist noch nicht, wer darum weiß, daß allem Leben *Tod* innewohnt und allem Tod *Leben*, oder wer erkannt hat, daß die Wesen sich bei der ‚Geburt' einkörpern und beim ‚Tode' ihr Erdengewand wieder ablegen, um dies nach einer Zeit der

Sammlung und Reifung und durch unabsehbare Zeitläufte zu wiederholen ... Denn Diesseits und Jenseits gehören dem Reich der *Zweiheit* und der Wandlung an, nicht dem der *Einheit* jenseits von Wandel und Verwandlung.

Erwacht ist noch nicht, wer im Entschlafen hier das Erwachen drüben sieht und erkannt hat, daß jenseitiger Tod und diesseitige Geburt *eins* sind ... Solange ihm die Lichter des Diesseits oder Jenseits leuchten, ist er dem wahren Licht noch fern, ein Knecht des Todes und der Wiederkehr unterworfen.

Neun Zehntel aller Menschen schreiten so, nach Leben gierend oder es verneinend, den Tod als Tor zu neuem Leben bejahend oder als Ende des Daseins fürchtend, durch die Traumreiche des *äußeren Lebens:* Schlafende, die das Erwachen scheuen, „verirrte Kinder, die den Weg nach Hause nicht wissen." Sie blicken nach draußen – und sehen nicht, daß der Weg nach innen der einzige ist, der heimführt ...

Einer nur von zehn regt sich im Schlafe, entreißt sich dem Traum und ahnt oder schaut das wirkliche, das *innere Leben.* –

Tief innen ist das Leben, das keinen Tod kennt. Wer zu ihm findet, ist daheim und fürchtet weder Fremde noch Unsicherheit, weder Vergehen noch Tod. Er geht durchs Dasein wie ein Schauspieler über die Bühne, wissend, daß hinter dem gespielten und geträumten Leben das wirkliche steht, das von Wahn, Weh und Wandel des Traumspiels nicht berührt wird ...

Während die Träumenden Gefährten der Gefahr und des Todes bleiben, schreitet er ungefährdet durchs Dasein wie durch das Reich des Todes. Eigner des inneren Lebens, ist er über Ja und Nein, Gieren und Handeln hinaus und gewiß: *Mein wahres Selbst ist Leben ohne Tod.*

Auf den Grabmälern der Träumenden steht mit Recht: „Hier schläft ..."; auf dem des Erwachten aber heißt es der Wahrheit gemäß: *„Ich bin!"*

Indem er dem Rat Lao-Tse's folgte: „Löse Dich aus dem, was außer Dir ist, und eine Dich dem, was in Dir ist", kehrte er aus Traum und Schein heim ins Sein und machte das Wort des Weisen wahr:

*„Wer zum inneren Leben heimfand, geht seinen Weg ohne Furcht vor Tigern und Nashörner und schreitet durch feindliche Heere ohne Panzer und Waffen. Denn sie können ihn weder treffen noch töten, weil an ihm nichts mehr ist, das gemindert oder vernichtet werden kann."*

Er gehört zu den Erwachten, die Lao-Tse, der Tao-Entwordene, meint und von denen Christus, der Gottgeeinte, das Licht in uns, spricht: „*Ich bin* die Auferstehung und das Leben. Wer an mich glaubt, der wird leben, ob er gleich stürbe; und wer da lebt und glaubt an mich, der wird nimmermehr sterben"; denn er ist schon „vor dem Sterben gestorben", dem äußeren Leben entworden und auferstanden zum inneren Leben, das keinen Tod kennt.

## 51. TAO UND TEH

Tao gibt den Wesen Leben / Teh erhält sie.
Tao gestaltet sie / Teh leitet sie zur Vollendung.
Kein Wesen darum /
das nicht Tao verehrt und Teh liebt —
nicht als Pflicht / sondern aus eigenem Antrieb.
Denn Tao ist Aller Leben und Halt /
Schutz und Hort /
Er läßt sie werden und wachsen /
reifen und sich vollenden.

Er bewirkt / ohne zu wirken
Er fördert / ohne zu fordern /
und lenkt / ohne zu gebieten.
Das ist das Geheimnis des Teh.

Zum dritten Male tritt uns in den Weisheitssprüchen Li=Örs *Teh* entgegen: als Äußerung des Tao und als Weg zum Tao.

Im zehnten Spruch lernten wir Teh als Merkmal des Weisen kennen, des Tao=Erwachten: „Daß er nährt und erhält / ohne zu halten / daß er wirkt / ohne zurückzuhalten und zu be=halten / daß er führt / ohne zu herrschen / das ist des Gelas=senen Tugend." — Im einundzwanzigsten Spruch wurde uns be=wußt gemacht, daß nur die Lebewesen *aus dem Wesen leben,* deren Tugend *bewußte* Nachfolge Taos ist: rechtes Wirken aus Tao=Unmittelbarkeit.

So ist Teh: Wirkenlassen des Tao. Eben darin wird Tao, der Unfaßbare, erfahrbar. —

Ist Tao das Unoffenbare, Absolute, so ist Teh seine Offen=barung oder Manifestation, seine ‚Äußerung' oder ‚Entfaltung' zum Sein, in der die ‚Innerung' oder ‚Wiedereinfaltung', die Rückkehr ins überseiende Nichtsein, bereits angelegt und mit gegeben ist. Das ist das Geheimnis des Teh.

Dem Unerwachten erscheinen Tao und Teh als Gegensätze: Hier das unoffenbare Ursein, dort seine Objektivierung, sein In=Erscheinung=Treten. Für den Erwachten sind beide *eins:* Teh ist Tao in seiner Erfahr= und Sichtbarkeit; Tao ist das unsicht=bare Teh. Als Tao rief er die Schöpfung ins Dasein und gab den Wesen Leben; als Teh erhält er sie und leitet sie durch Raum und Zeit zur Vollendung und Heimkehr ins Übersein.

Da Tao „den Wesen Leben gibt", ist er, als ihr Daseinsgrund, ihnen allen innewohnend und, als Teh, ihre Kraft und ihre ‚Tu=gend': die *Gottkraft,* die in ihnen west und wirkt – als Strahl aus dem absoluten Urgrund der Gottheit – und ihre Tugend – ihre Tauglichkeit und Tüchtigkeit zur Selbstverwirklichung und Gottunmittelbarkeit – bewirkt ...

So gesehen, ist Teh das *Tao=Vermögen* des Menschen im dreifachen Sinne des Wortes: es meint seine Tao=Kraft, also sein unverlierbares Tao=*Vermögen,* ebenso wie sein *Mögen,* seine vom Urbeginn an bestehende Hinneigung zum Tao, und schließlich seine *Möglichkeit,* sein Angelegtsein, sein Imstande=sein zur Tao=Unmittelbarkeit.

*„Kein Wesen darum, das nicht Tao verehrt und Teh liebt":*
Der Weise, der Erwachte, verehrt Tao *bewußt* und „bewirkt, ohne zu wirken", indem er Tao durch sich wirken läßt. Er liebt das Rechttun – nicht weil es durch religiöse Satzungen vorge=schrieben wird, sondern aus innerstem Antrieb, weil alle Kräfte seiner Seele zu ihrem göttlichen Ursprung, zur oberen Licht=welt, zurückstreben ...

Die Unerwachten verehren Tao *unbewußt,* wie sich Eisen=feilspäne ihrem Wesen gemäß nach den Kraftlinien des Mag=neten ordnen, weil auch ihnen der Selbsterwirklichungs= und Vollendungs=Wille als Grundtrieb innewohnt und weil sie spü=ren, daß ihr Glücksvermögen in dem Maße wächst, als sie die=sem Grundtrieb folgen ... Auch darin offenbart sich das Ge=heimnis des Teh.

## 52. HEIMKEHR INS LICHT

Der Lichtabgrund des Tao ist aller Wesen Mutter.
Wer die Mutter erkennt /
weiß um seine Gotteskindschaft.
Seiner Kindschaft bewußt / ist er auf dem Heimweg.
Heimkehrend / ist er dem Vergehen enthoben.

Wer die Sinnestore schließt und schweigt /
lebt ohne Ungemach.
Doch wer seine Sinne nach außen richtet
und den Mund öffnet /
bleibt ein Sklave der Furcht und des Todes.

Wer in allem den Ursprung sieht / ist erleuchtet /
und wer / wie das Werdende /
seine Weichheit bewahrt /
ist stark.

Wer dem inneren Lichte folgt /
verliert nichts bei des Leibes Vergehen.
In Tao leuchtend / ist er des Ewigen Erbe.

Mit diesen vier Versen setzt Lao=Tse die im vorigen Spruch begonnene Unterweisung fort und zeigt, daß Tao, der allen Wesen Leben gibt, sie werden und wachsen, reifen und sich vollenden läßt, ihrer aller *Mutter* ist.

Wer aber um seine Herkunft weiß, kennt auch seine Zukunft: wie kann er, der sich also Tao's Kind erkannt hat, etwas fürchten oder an dem haften, das nicht Tao ist, nicht Sein, sondern Schein? Er ist schon im vergänglichen Dasein seiner Unvergänglichkeit gewiß, weil er mit dem Tode nichts verliert.

Um dessen inne zu werden, brauchst Du nur die Sinnestore zu schließen und Dich schweigend *nach innen* zu wenden. Auf dem Wege nach innen bleibst Du nicht nur gesammelt, wahrst Deine Kraft und meisterst das Leben, sondern gewinnst an Klarheit, findest Tao's Licht in Dir und gelangst zur Erleuchtung.

Wer aber *nach außen* lebt und sich am Äußeren hält, der erschöpft sich nicht nur, bleibt ein Getriebener und zerbricht am Leben, sondern verliert in seiner letzten Stunde jeden Halt und verfällt der Verzweiflung.

Denn außen ist Dünkel, Dunkel und Dumpfheit. Innen aber ist Licht, Gewißheit und Klarheit. Darum stirbt vor dem Sterben, wer sich dem Sinnentrug entzieht: er entläßt schon zu Lebzeiten, wovon der Tod ihn scheidet, weshalb das Sterben ihm nicht Verlust bringt, sondern Entlastung vom Vergänglichen und Freiwerden des Unvergänglichen.

Nach innen gerichtet, sieht er „in allem den Ursprung", im Geteilten das gemeinsame Eine, und schreitet von *Ein*-Sicht zur Erleuchtung. Wer hingegen alles, was er wahrnimmt, wissensgierig zerlegt und zergliedert, erschöpft sich im Streben, erschöpfend zu sein, breitet sich immer weiter aus und kommt an kein Ende . . .

Der Weise, der nach Innen Gerichtete, sieht die Dinge in ihrem Entstehen und Keimen. Und da im Anfang das Licht ist, „wird er nicht im Finstern wandeln, sondern das Licht des Lebens haben". — Das gilt auch für die Stunde des Heimgangs:

Da er auf den Ursprung sieht, weiß er um seine Herkunft aus dem Licht und seinen Heimgang ins Licht. Und da er, „wie das Werdende, seine Weichheit bewahrt", sich schmiegsam wie Wasser und ohne Widerstehen der Wandlung hingibt, überwindet er das Harte und Starre der Körperlichkeit und erweist sich als tod-überlegen und stark. Denn weicher noch und stärker als Wasser ist Licht.

So findet, wer dem *inneren Licht* folgt, das aus Tao strahlt, aus Spaltung und Vereinzelung der Dinge und Wesen zurück zum Einen in allen, zur Einheit im All.

Dieser Satz gilt auch in seiner Umkehrung: wer das innere Licht nicht sieht und nur nach außen lebt, verbringt seine Tage in der Dunkelheit der Leibgebundenheit und Nichterkenntnis, verliert beim Vergehen des Leibes alles, was er gewann, und widersteht vergeblich dem Aufhören des ‚Ich' ... Er schreitet blind von Dasein zu Dasein, indes der Weise, der, wie Lao=Tse wörtlich sagt, „zu seinem Licht, nämlich Tao, zurückkehrt", von Erwachen zu Erwachen aufwärts steigt und zu dem findet, was – im Deutschen– vom Wort ‚Licht' eingeschlossen ist: zum wahren, göttlich=lichten ICH, zum taohaften Lichtkern seines Wesens.

Er wird „in Tao leuchtend" und verliert nichts bei des Leibes Vergehen, sondern erkennt sich als Erben und Träger des Tao – des unverlierbaren Ewigen Lebens im Licht – und weiß sich geborgen.

## 53. EIGENSUCHT ODER SELBSTGEWINN

Der Weise lebt gelassen nach innen /
die Unweisen streben betriebsam nach außen.
Der Eine findet / auf dem Innenwege /
zum Selbst=Gewinn /
die Vielen verfallen / auf den Außenwegen /
der Eigensucht.
Selbst=Gewinn führt zu Tao /
Eigensucht zu Diebstahl.

Was die Einen zu viel haben / fehlt den Andern:
Indes die Felder veröden / die Speicher sich leeren /
der Mangel sich breitet /
bauen die Besitzbesessenen Burgen /
wappnen sich mit Waffen / prangen und prassen /
rühmen sich ihres Reichtums / und erkennen nicht /
daß ihr Gehabe Diebstahl ist /
ihre Habe Diebesgut / nicht Tao=Besitz!

Wenn Lao=Tse in diesem Spruch das Treiben der Raffenden und äußerlich Reichen geißelt, die er *Diebe* nennt, so, um uns anzuleiten, aus dem bisher Erkannten nunmehr die praktisch=ethischen Folgerungen zu ziehen und den Schritt vom rechten Erkennen zum *rechten Handeln* zu tun, der zur Vertiefung und Verwesentlichung der gewonnenen Einsichten führt.

Um die Kluft sichtbar zu machen, die den Weisen, der, Tao besitzend, *allen dient*, von den Unweisen scheidet, die, im Verlust des Selbst, sich *alles dienen lassen* und die Andern zu Dienern machen, bedient sich Lao=Tse eines chinesischen Wort=spiels:

Das Wort „Taò" bedeutet nämlich, anders betont und geschrieben, „Diebstahl", und statt „Tao-Besitz" heißt es dann: „sich des Diebstahls rühmen". So kann, im Chinesischen, ein Wort, verschieden betont, das Gegensätzliche sichtbar machen:

Die Unweisen wähnen, im Streben nach ‚oben', im Rausch der Macht und des Herrseins, den Sinn ihres Daseins erfüllt zu haben. Sie spüren nicht, wie sehr sie in Wahrheit heruntergekommen sind, an Charakter, Selbstheit und Tao-Besitz verloren, was sie an Eigensucht und Ichheit gewannen, und am Ende des Daseins, wenn sie ihre Habe hergeben müssen, ärmer an Sein sind denn je . . .

Das will nicht heißen, daß Eigentum an sich Diebstahl ist, sondern nur der Reichtum, der das zum Leben Erforderliche übersteigt. Wer mehr ergiert und anhäuft, als er braucht, beraubt die andern, weil sein Zuviel ihnen fehlt, vor allem aber sich selbst: Mehrbesitz auf Kosten fremden Glücks ist immer kostspielig, weil er das Köstlichste kostet — den einzig unverlierbaren Gewinn: den Selbst-Gewinn und Tao-Besitz.

So handeln die Unweisen: ihre Eigensucht führt auf Eigenpfade und Abwege, die die Suchenden vom Selbst, vom Licht des Tao, weglocken und sie in Finsternis und Verzweiflung enden lassen.

Anders der Weise: er geht den inneren Weg, der zum Ende des Suchens im Selbst-Gewinn führt.

Der Weg nach innen ist *einer* und *gerade*. Der Wege nach außen sind viele, und je weiter weg, desto krummer und unübersehbarer werden sie. Und je krummere Wege einer geht, desto mehr redet er von Gerechtigkeit, Gesetz und Tugend.

Anders der Weise: während die Vielen nach *Entfaltung* streben, geht er den Weg der *Einfaltung* und Einung.

Das ist ein Mahnruf an die Schaffenden wie an die Raffenden: *weiser zu werden*, weniger der Eigensucht zu frönen und mehr nach Selbst-Gewinn zu trachten, weniger nach außen und mehr nach innen zu leben, das Licht und die Kraft Tao's in sich zu erkennen und durch sich wirken zu lassen. Eben das heißt bewirken, daß sich alles gut anläßt und alles Förderliche ihnen ‚von selbst zufällt'.

## 54. TAO ALS VORBILD

Der wird nicht entwurzelt / der in Tao wurzelt.
Der wird nicht verführt / den Tao führt.
Die nach ihm kommen / werden ihn rühmen.

Gehorche dem Tao in dir /
und dein Teh / deine Tugend und Tauglichkeit /
nimmt zu.
Bejahe Tao in deinen Nächsten /
und dein Teh fördert Fülle und Zusammenhalt.
Blicke auf Tao in deiner Gemeinde /
und dein Teh mehrt Harmonie und Gemeinsamkeit
Sieh Tao in deinem Lande /
und dein Teh wirkt Wohlstand und Einklang.
Fördere Tao in der Welt /
und dein Teh dient der Einung der Menschheit.

Wie Tao dein Vorbild sei /
so sei du es deinen Nächsten.
So hilfst du /
daß diese zum Vorbild der Gemeinde werden /
deine Gemeinde zum Vorbild deines Landes /
dein Land zum Vorbild der Welt.

Woran erkennst du /
ob die Welt recht beschaffen ist?
Daran / wie weit du selbst es bist /
wie weit Tao dir Vorbild ist.

Zeigte Lao-Tse im 51. Spruch, daß *Teh* – die Tugend der Tao-Unmittelbarkeit – Wirkenlassen das Tao ist, so ruft er uns hier auf, dieser Einsicht die *Tat* folgen und Tao Richtmaß und Vorbild für unser Denken und Handeln werden zu lassen, weil, wer in Tao gründet, nicht zugrundegehen kann.

„*Der wird nicht verführt / den Tao führt.*" Nur er ist imstande, andere recht zu führen – nicht zu irgendwelchen Fernzielen, sondern zum Allernächsten: zu sich selbst, zum Innersten Selbst, zu Tao.

„*Die nach ihm kommen / werden ihn rühmen*". Das ist doppelsinnig: nicht nur wird, wer Tao zum Vorbild wählt, seinerseits zum Vorbild für die Welt und von künftigen Generationen gepriesen; das Licht des Tao, das er in diesem Leben in sich entzündet, wird auch seinen eigenen weiteren Weg erhellen, ihm in alle Zukunft, durch alle Leben, in allen Seinsbereichen leuchten.

*Teh*, die Tugend oder Tao-Tauglichkeit, wächst, wo einer sich nach innen wendet und sich von innen her leiten läßt. Je mehr Tugend, desto mehr Licht, desto klarer werden Innensicht und Einsicht, Weisheit und Gelassenheit. Aus der Gelassenheit entspringt die Läuterung, aus dieser die Veredelung des eigenen Wesens, aus jener die der Familie, aus dieser die der Gemeinde, daraus die des Landes und schließlich die der Welt. Niemand kann sich vollenden, ohne die Welt vollkommener zu machen. –

Das ist eine Mahnung an die Politiker und Weltverbesserer: Laßt Tao sich in euch als Teh entfalten und vollenden, dann folgt die Besserung der Welt von selbst. Vergeßt nie, daß *euer Herz* das Tor ist, durch das das Reich Gottes sich in dieser Welt allvollendend offenbart. Ihr seid der Angelpunkt der Menschheit: eure Menschlichkeit ist ihr Maßstab und Vorbild!

Eine Kette ist so stark wie ihr schwächstes Glied. Sorgt darum, daß *alle* stark seien, indem ihr in allen bejaht und fördert, was sie stark macht: *Tao*. Seid selber Vorbild, dann werden die anderen das Verlangen in sich fühlen, euch nachzueifern und euch zu übertreffen. So wird die Welt trefflicher und vollkommener.

Alle Erneuerung der Welt beginnt beim Einzelnen, *bei dir:* je heller dein Teh, deine Tugend, je lichter dein Wesen, desto näher bist du dem Tao.

*„Bejahe Tao in deinem Nächsten":* sieh in den anderen zuerst das Gute, das Göttliche; dann wird deine Bejahung es zur Flamme entfachen, und die Schatten des Mißtrauens werden weichen. Kein Licht, das entzündet wird, leuchtet nur sich selber; es strahlt allen, und je heller, desto weiter hinaus – gleich den Wellenringen auf dem Wasser, gleich der Kettenreaktion bei der Kernspaltung: an jedem Licht, das im einen aufflammt, entzündet sich das innere Licht in anderen, und desto heller wird die Welt.

## 55. KIND UND WEISER

Wer reich ist an Teh / ist wie ein Kind:
Insekten und Schlangen /
Wildtiere und Raubvögel tun ihm kein Leid.
Seine Knochen sind schwach / seine Sehnen zart /
doch sein Griff ist fest.
Seines Geschlechts unbewußt /
entfaltet es doch seine Schöpferkraft.
Ständig schreiend und plappernd /
wird es doch nicht heiser /
weil es mit sich im Einklang ist.

Um den Einklang wissen /
ist Einssein mit dem Ewigen.
Mit dem Ewigen eins sein / heißt erleuchtet sein.

Das Leben genießen / ist Scheinglück des Eigenseins.
Seine Triebe ausleben / ist Scheinstärke.
Scheinkraft des Eigenseins schwindet bald
und vergeht /
weil es ohne Allsein ist / ohne Tao.
Was taolos ist / hat keinen Bestand.

*„Reich an Teh sein"* heißt die Fülle der ‚Tugend', der Tao=Tauglichkeit, haben, im Stande der Unschuld leben – wie das *Kind* und wie der zur Gotteskindschaft Wiedergeborene, der Heilige, der *Weise:* er ist auf das Einssein mit dem Einen im Innern gesammelt, indes die Unweisen sich in die Mannigfaltigkeit des Außenlebens zerstreuen und sich im gleichen Maße von der Harmonie mit sich selbst und dem Ewigen entfernen . . .

. . . Sie wollen „das Leben genießen und ihre Triebe ausge=

ben". Sie sind, wie Lao=Tse und Christus übereinstimmend sagen, ,vom Fleische'. Und was ,vom Fleische ist, das ist *Fleisch'* und dem Vergehen unterworfen; was aber ,vom Geiste geboren ist, das ist *Geist'* — und unerreichbar für alles, was nicht Geist ist, seien es wilde Tiere und andere Gefahren oder die gefährlicheren Tiere der Leidenschaften und Triebe und die größere Fahrnis der Eigensucht und Seelenblindheit, gegen die die geistig Wiedergeborenen gefeit sind, wie es der Auferstandene verhieß (Mark. 16, 18): „Sie werden Teufel austreiben, Schlangen vertreiben; und so sie etwas Tödliches trinken, wird's ihnen nicht schaden." —

Lao=Tse vergleicht den Weisen, der Teh in Fülle hat, dem Kinde, wie es Christus tat, der die im Leben und Gieren Verharrenden, Erstarrenden und Dahinsterbenden mahnte: „Werdet wie die Kinder! Erneuert euch vom Geiste her! Wirkt eure Wiedergeburt! Denn nur wer von neuem geboren ward, kann das Reich Gottes sehen!"

*Der Weise:* das ist der aus dem Geiste Wiedergeborene, der zum inneren Licht fand, mit Tao, dem Ewigen, eins ward und das Ewige Leben hat. Er ist furchtlos wie ein Kind, das von Gefahr nichts weiß. Diese Furchtlosigkeit ist sein Schutz, wie die Furcht der klugen ,Erwachsenen' und ,Starken' sie eben den Gefahren zutreibt, die sie fürchten . . . Der Weise fürchtet nichts, weil er sein Ewiges unangreifbar und ungefährdet weiß, der Sphäre der Veränderlichkeit und Vergänglichkeit enthoben.

Auch darin gleicht er dem Kinde, daß er bei aller Zartheit und als Schwäche ausgelegten Güte innerlich entschieden und fest ist und, sich selber treu, mit unbeugsamer Zielstrebigkeit seinen Weg geht.

Wie das Kind, im Einklang mit sich selbst, instinktiv das tut, was ihm angemessen ist und Ausdruck seines Lebenswillens, so ist, was der Weise tut und äußert, Ausdruck seiner Übereinstimmung mit sich selbst und seiner Harmonie mit dem Ewigen.

Das Kind, der Weise, der Heilige: sie bilden in ihrer Reinheit und Ganzheit eine Einheit. Was ihr Beispiel lehrt, ist dies: nicht der äußere Mensch, sondern der innere Mensch ist das Wesentliche, das, was zu pflegen ist, wenn man Dauer gewinnen will.

## 56. ADEL DES WEISEN

Der Weise redet nicht / der Redende weiß nicht.

Der Weise schließt die Sinnestore und schweigt /
lindert Zwiespalt und löst Wirrnis /
mildert sein Licht und ist allen zunächst.

Weil er all=eins ist /
berühren ihn weder Liebe noch Haß /
weder Gewinn noch Verlust /
weder Ehrung noch Schmähung.
Das ist sein Adel.

Der Weise weiß: das Wesentliche, Tao, die höchste Tatsache, ist Sache der Tat. Darum redet er nicht über Tao, sondern läßt ihn, selbst=los und all=eins, durch sich wirken.

Der Redende weiß nicht: nicht von Tao ergriffen, greift er nach Begriffen, klebt am Wort und versäumt das Tun. –

Wir können das, was Lao=Tse uns hier bewußt machen will, auch so verdeutlichen:

Der Weise weiß, daß er nichts weiß und nur aus dem Born der Gottesweisheit schöpft. Darum läßt er das Ich schweigen und Gott durch sich reden.

Der Unweise weiß nicht, daß, was er Wissen nennt, in Wahrheit Nichtwissen ist, und, was ihm Nichtwissen scheint, in Wirklichkeit Wissen aus Gewißheit ist. Darum redet er – und merkt nicht, daß Gott schweigt . . .

Der Weise weiß, daß das Unaussprechliche nicht mit Worten sagbar ist. Wer das unsagbare Innerste äußert, veräußerlicht und verhüllt es. Was bleibt, ist Form ohne Geist. –

*„Weil er all=eins ist"*, ist der Weisen Standpunkt überall und über allem. Darum streitet er nicht, sondern lindert Zwiespalt

und wirkt Einheit. Er „mildert sein Licht und ist allen zunächst": er macht sich allen gleich, blendet nicht durch zu helles Licht, sondern paßt sich jedem an, um ihn vom Kennen zum Erkennen zu leiten, von der Vielheit zur Einheit, vom Einzelnen zum Ganzen.

Den, der das Ganze hat, kümmern keine Teile: weder Vor- und Nachteile noch fremde Urteile. Da er mit allen eins ist, kann er weder erhöht noch erniedrigt werden, weder gemehrt noch gemindert, wie auch er selbst weder vorzieht noch zurücksetzt, sondern allen gleich gelassen und gleich gütig begegnet. Darin offenbart sich sein Adel, sein Erfülltsein von Tao.

## 57. WEISHEIT DES NICHT=TUNS

Redlichkeit regiert das Reich /
Klugheit überwältigt waffenlos /
Weisheit waltet durch Nicht=Tun.

Woher ich das weiß? Weil es so ist:
Je mehr Verwaltung und Verbote /
um so mehr Gewalt und Armut.
Je mehr Gewalt und Waffen /
um so mehr Unruhe und Widerstand.
Je mehr Schlauheit und Berechnung /
um so mehr Verschlagenheit und Rückschläge.
Je mehr Verordnungen /
um so mehr Feinde der Ordnung.

Darum sagt der Weise:
Ich übe das Nicht=Tun /
und die Menschen tun von selber recht.
Ich über das Schweigen /
und die Menschen kommen zur Ruhe.
Ich über Nichteinmischung /
und die Menschen finden zur Fülle.
Ich über Sanftmut und Langmut /
und die Menschen gelangen zur Einmütigkeit
und Einfachheit.

Lao=Tse setzt hier und in den folgenden Sprüchen die lebens=praktischen Unterweisungen aus dem Geiste der Weisheit fort, die dem Einsichtigen von selbst einleuchten:

Mehr als Redlichkeit und Klugheit ist *Weisheit:* die Weisheit des Wu=Wei, des *Tuns durch Nicht=Tun,* die Verzicht auf Einmischung und Verordnung, Gewalt und Verwaltung ist und die Ordnung von innen her sichert.

Die Unweisen wollen *handeln,* um die Dinge zu wandeln — und merken nicht, wie dabei die Ordnung abhanden kommt und auch durch Verhandeln nicht zurückgewonnen wird.

Indem sie versuchen, einander zu gängeln, vergehen sie sich an ihrer Freiheit und mehren, fehlgehend, Verirrung und Wirrnis. Sie binden sich durch Gesetze und Satzungen — und rufen Aufsässigkeiten und Ungesetzlichkeiten ins Dasein ... Und wo gar hinter ihren Satzungen und Verordnungen Heimlichkeit und List sich bergen, beschleunigen sie den Verlust der Einheit, machen die Haltlosgewordenen hämisch und heimtückisch, hinterlistig und lüstern nach fremdem Besitz ...

Jeder Eingriff von außen reizt zum Widerstand und Angriff. Am Ende steht das Chaos und die bittere Erkenntnis: *Alle Gewalt überwältigt sich selbst.*

Darum muß, je höher hinauf, um so mehr *Weisheit* herrschen, weshalb die beste Regierung die ist, die nicht aus Politikern und Geschäftemachern, sondern aus Weisen besteht, kaum noch bemerkt wird und doch als Vorbild, Richtmaß und Ordnungskraft wirkt. —

Da des Menschen *Verhalten* sein Verhältnis zur Umwelt und seine Verhältnisse bestimmt, ist das beste Verhalten — *Enthalten,* weil es die Ordnung erhält. Enthalten heißt: Ablassen vom Einmischen und Verbieten, Verordnen und Maßregeln, vom Regieren= und Alles=Bestimmen=Wollen. Das ist die Weisheit des *Nicht=Tuns,* die Waltenlassen des Tao ist.

Indem der Weise Enthaltung und Nichteinmischung übt, fördert er Freiheit, Frieden und Eintracht. Und wo diese walten, wachsen Wohlverhalten, Wohlergehen und Wohlstand.

Indem er Sanftmut und Langmut übt, verhindert er Unmut wie Übermut und bewirkt Rechtschaffenheit und Einmütigkeit.

Was hier vom äußeren Leben und dem Auskommen mit der Umwelt gesagt ist, gilt gleichermaßen für das innere Leben und das Auskommen mit sich selbst. Hier wie dort ist es die Weisheit des Nicht=Tuns, die zur Vollendung führt.

## 58. LICHT OHNE BLENDUNG

Je weniger Verwaltung /
desto wohltätiger waltet der Einklang.
Je mehr Verwaltung /
desto widriger wächst die Wirrnis.
Vertrauendes Lassen löst Einstimmigkeit aus
und Glück /
Bestimmendes Lenken=Wollen wirkt Unstimmigkeit
und Unglück.

Wer nicht bedenkt / was er wirkt /
verkehrt Ordnung in Unordnung / Heil in Unheil /
Aufklärung in Blendung und Verblendung.

Anders der Weise:
Er ist gerecht / ohne zu richten.
Er lenkt / ohne zu regeln.
Er ist Vorbild / ohne zu verbilden.
Er leuchtet / ohne zu blenden.

Hier und in den folgenden Sprüchen setzt Lao=Tse die Unterweisungen in der rechten Menschenführung fort. Seine Worte verstehen sich von selbst:

Je unsichtbarer und unspürbarer, je zurückhaltender und herz=betonter regiert wird, desto unverfälschter und gesunder, freier und einmütiger bleibt das Volk.

Je sichtbarer und härter, autokratischer und willens=betonter regiert wird, desto beschränkter und geduckter, unwilliger und gespaltener wird das Volk.

Weil keine Weisen regieren, sind die Völker voller Mißtrauen und Mißgunst und die Welt voller Wirrnis.

Weil die Regierenden keine Weisen sind, übersehen sie nicht die Kettenreaktionen ihres Verhaltens und Verwaltens, die das zielstrebige und weisheitsvolle Walten der kosmischen Ordnung in Willkür verkehren. Sie sind Schicksals=Blinde, die Vorsehung spielen wollen und nicht wissen, was sie mit ihrem Richten und Ausrichten anrichten.

Je mehr der Staat eingreift und sich dabei vergreift, desto angriffssüchtiger, unleidlicher und unleitbarer wird das Volk. –

Während die Unweisen von außen her regieren, fördert der Weise von innen her, durch rechte Willfährigkeit, die Selbstentfaltung des Guten. Er waltet ohne Gewalt und Willkür, indem er die Ordnung des Reiches Gottes wirken läßt, die sich nicht im Tun, sondern im Lassen erfüllt ... In seinem Lassen offenbaren sich Festigkeit und Klarheit:

Er ist wie ein Eckstein – und stößt doch nicht an. Er ist rechtwinklig – und verletzt doch nicht. Er gleicht einem Fels – und ist doch schmiegsam wie Wasser. Er gleicht einem Licht, dessen Klarheit erleuchtet und einleuchtet, aber nicht blendet – und es eben dadurch allen möglich macht, seinem Beispiel zu folgen.

## 59. DAUER DURCH GELASSENHEIT

Um die Menschen zu fördern und Tao zu dienen /
hilft nichts besser als Gelassenheit.
Gelassenheit ist fürsorgliche Vorsorge /
die den Sorgen vorbeugt.
Sie führt zur Fülle aus Tao=Erfülltheit /
die jeder Lage überlegen macht.

Überlegen sein heißt ohne Grenze sein /
ohne Grenze sein heißt Eigner des Reiches sein /
Eigner des Reiches sein heißt
im Grenzenlosen wurzeln /
im Grenzenlosen wurzeln heißt Dauer haben.

So wächst aus Gelassenheit Gegründetsein
im Unergründlichen /
Unvergänglichkeit und die Allweisheit des Tao.

Dieser Spruch bleibt gleich bedeutungsreich, ob er äußerlich und wörtlich oder innerlich und sinnbildlich genommen wird:

Äußerlich gesehen, mag Fürsorge aus Gelassenheit als Vorsorge durch Maßhalten, weitblickendes Planen und speicherndes Sparen verstanden werden, die den Wohlstand mehren, die Sorgen fernhalten und, mit der Zunahme der Schätze des Lebens, wachsende Sicherheit und Überlegenheit verleihen . . .

Von innen her betrachtet, ist mehr gemeint: nicht nur flüchtiger Besitz, sondern ‚Fülle aus Tao=Erfülltheit' — jener innere Reichtum, der aus dem Erreichen des ‚Reiches Gottes' erfließt und äußeres Wohlsein und Wohlergehen von selbst mit sich führt . . .

Im Grunde heißt Gelassensein: *gierlos sein.* Gierlos sein heißt zur Erfüllung finden. Die Fülle, die der Gierende vergeblich zu erjagen und zu halten sucht, fällt dem Gierlosen von selber zu. Wer die Schätze des ‚Reiches Gottes' erwirbt, ist Herr auch der äußeren Dinge. Weil sein Glück nicht im Vergänglichen, sondern im Urquell alles Guten, im grenzenlosen Tao, wurzelt, ist es von Dauer.

*Fülle* ist für ihn: Vollendung. Ihre Voraussetzung ist: *Leersein,* Freisein vom Hängen und Gieren, die zu Abhängigkeit und Verhängnis führen. Wer leer ist, ist dem Ursprung am nächsten, ist Träger des Teh, jener Tugend der Gott=Gelassenheit, die auch Paulus im ersten Briefe an Timotheus (6) meinte:

„Die da reich werden wollen, fallen in Versuchung, Verstrikkung und törichte Lüste, die die Menschen in Verderbnis und Verdammnis ziehen, während der gute Mensch nach Gerechtigkeit trachtet, nach Gottseligkeit und Liebe, Geduld und Sanftmut ... Er sucht reich zu werden an guten Werken, gern zu geben, behilflich zu sein und einen guten Grund aufs Zukünftige zu legen, daß er das wahre Leben ergreife — im Einssein mit dem, der allein Unsterblichkeit hat und in einem Lichte wohnt, da niemand zukommen kann ..."

So heißt Gelassensein im Letzten: mit sich selbst, dem göttlichen Selbst, mit der Welt und mit dem Ewigen im Einklang sein. Im Einklang sein heißt um das innere Licht wissen und den inneren Halt haben. Wer den inneren Halt hat, erhält sich lange, weil er nichts bedarf. Er nimmt nicht ab, kann nichts verlieren, durch nichts gemindert werden. Er altert nicht und vergeht nicht, weil er schon in der Zeitlichkeit Träger und Eigner des ewigen Lebens ist.

Weil er Dauer hat, umfaßt sein Blick mehr als den *einen Tropfen* im Strom des Seins, den der Unweise ‚das Leben' nennt; er überschaut aus der Allsicht und Allweisheit des Tao den *ganzen Strom* und läßt sich — der Tragweite und Tragsicherheit der Gelassenheit bewußt — willig von ihm heimtragen ins Allmeer des Tao.

## 60. MIT WEISHEIT LENKEN

Ein Land lenkt man / wie man ein Mahl bereitet:
mit Weisheit.

Je williger man Tao walten läßt /
desto weniger wird ver=waltet und verdorben.
Je weniger Verwaltung / desto weniger Kräftedrang.
Je weniger Kräfte drängen /
desto weniger Bedrängnis / Gegendrang und
Widerstand.

Der Weise drängt nicht /
darum wirkt er Einklang und Einheit.

Wie man bei der Bereitung eines Mahles zuerst das Erforderliche vorbereitet, die Zutaten bereitlegt und dann mit einem Kleinstmaß an Mühe die Kräfte walten und das Werk sich in Ruhe vollenden läßt, so gilt es bei der Staats= und Menschenlenkung, das Gesetz des Gegenwillens zu beachten und dem Gesetz des geringsten Widerstandes zu folgen.

Weil der Weise das Gesetz der das Gegenteil bewirkenden Anstrengung kennt und darum nicht drängt, Aufdringlichkeit und gewaltsame Willensdurchsetzung meidet, läßt er die Gegenkräfte, die nur Bedrängnis und Drangsal wirken, ungeweckt. Der Tao=Erfüllte waltet ohne Gewalt.

Wo aber, auch in bester Absicht, ein Zuviel an Kräften entfesselt wird, wo getrieben und übertrieben wird, da werden die Kräfte des Bösen zum Widerstand aufgestört, die mit der Heftigkeit der Abwehr an Gewalt und Macht gewinnen . . .

Lao=Tse sieht uns Menschen an der Grenzscheide zweier Reiche stehen: der der lichten kosmischen Mächte des Guten und der dunklen dämonischen Kräfte des Bösen, der ‚Kuei' und ‚Shin', die in der Natur wie im Menschen geistern und, geweckt, leicht Unheil und Zerstörung wirken.

Geweckt werden *beide* durch unsere *Gedanken,* diese geheimen Auslöser aller aufbauenden und zerstörenden Gewalten in Welt und Leben. Die Richtung unserer Gedanken bestimmt, von wo her Helferscharen zu uns stoßen: von oben oder unten, zum Heil und Unheil.

Wo Weisheit waltet, tun die Mächte des Guten ungerufen ihr Werk. Wo aber Unweisheit geschäftig die Zügel ergreift, da geistern die Gegenkräfte des Bösen, von deren Drangsal man nicht mehr frei wird, es sei denn durch — Lassen. Nur Gelassenheit nimmt ihnen die Angriffsmöglichkeit und bewirkt, daß sie sich selbst zerfleischen und vernichten.

Eben darin liegt die Tugend und Überlegenheit des Weisen: daß er, nicht drängend, die Gegenkräfte ruhen läßt. Indem er Tao walten läßt, wirkt er Ein=willigkeit: das Wollen der anderen und das, was Tao durch ihn will, wird eins. So entsteht, ohne Mühen, Einmütigkeit, Zusammenhalt und Einheit.

## 61. DURCH DIENEN GEWINNEN

Die Großen halten sich tief /
gleich dem meerwärts eilenden Strom /
der alle Flüsse und Bäche in sich vereinigt.

Wie das Weib den Mann durch Sanftmut besiegt /
durch Hingabe gewinnt /
so gewinnen die Großen durch Dienen die Kleinen /
und die Kleinen die Großen.
Dienen läßt gewinnen / Dienen macht überlegen.

Wenn so die Großen die Kleinen schützen
und fördern /
die Kleinen willig dem Ganzen dienen /
ist allen gedient.

Größe wie Einheit erwachsen aus Hingabe
und werden erhalten durch Dienen.

Die Weisheit des Siegens durch Nichtwiderstehen, des Gewinnens und Empfangens durch Nachgeben und Hingeben gilt gleichermaßen für Menschen wie Staaten, für den sozialen wie für den politischen Bereich:

Wenn ein großes Reich sich wie ein Strombett oder wie das Meer tief hält, gewinnt es, wie der Strom die Flüsse und Bäche, mühelos die kleineren Länder. Je mütterlicher, rücksichtsvoller und dienstwilliger ein großes Reich, desto williger schließen sich die kleineren Reiche ihm an. So dient der eine, um zu gewinnen, zu schützen und zu fördern, die andern, um gewonnen, beschützt und gefördert zu werden. Jeder gewinnt, was ihm am dienlichsten und was zum *gemeinsamen Besten* ist: Einheit und gegenseitigen Beistand. So gilt: je mütterlicher, desto stärker, je hilfsbereiter und verbindlicher, desto fester das Bündnis.

Wo hingegen die Großen übermütig und überheblich werden, herrschsüchtig und gewalttätig, da legen sie den Grund zu ihrem Untergang und erfahren, daß „die Ersten die Letzten werden".

Und gleichermaßen die Kleinen: wenn sie ihre Selbstheit und Selbständigkeit allzu sehr herauskehren, sich überheben und großtun, reizen sie die Stärkeren zur Abwehr, zerbrechen an ihrem Widerstand und werden zu ihren Vasallen, zu *widerwillig Dienenden* und darunter Leidenden, während die *willig Dienenden* um die Kräfte dessen wachsen, dem sie dienen, und erfahren, daß, „wer sich selbst erniedrigt, erhöht wird", daß, wer dient, emporsteigt.

Der gleichen Weisheit gab Christus Ausdruck in seiner Bergpredigt und Petrus in seinem ersten Brief (5,5): *„Seid allesamt einander untertan* und haltet fest an der Demut. Denn Gott widersteht den Hoffärtigen, aber den Demütigen gibt er Gnade", den sich Einfügenden, sich unten Haltenden, den Dienstwilligen, den weise Lebenden.

Der weise Lebende handelt wie der weise geleitete Staat: er achtet die Selbständigkeit und Eigengesetzlichkeit jedes Einzelnen, will ihn nicht untertan machen, sondern ihm dienen, um mit seiner Hilfe ein größeres Ganzes zu schaffen, die höhere Einheit, in der, weil jeder jedem dient, *allen gedient ist.*

Wo Menschen und Staaten dieser Weisheit folgen, da wird der Friede zu lebendiger Wirklichkeit, weil er in Friedfertigkeit gründet, die aus Dienstwilligkeit erwächst, also aus dem, was allein groß macht und überlegen, einig und stark.

## 62. TAO ALS ZUFLUCHT

Tao ist aller Wesen Zuflucht /
der Guten Schatz / der Nichtguten Halt.
Worte / die aus ihm kommen / machen vollkommen.
Werke / die er bewirkt / führen zur Verwirklichung.
Auch die Nichtguten leitet er zur Vollendung.

Mächtiger als der höchste Herrscher /
stärker als alle Machthaber /
sicherer als die Meistbesitzenden
ist / wer in Tao ruht.

Darum galt Tao von altersher als Höchstes:
Weil ihn erlangt / wer sich hingibt /
weil er den errettet / der ihn als Retter erkennt /
Tao / alles Geschöpflichen Heimat und Hort.

Lao=Tses Hinweis auf *Tao als Zuflucht* entspricht dem Psal=misten=Wort (90, 1): „Herr, Gott, Du bist unsere Zuflucht für und für" — unsere Heimat und unser Hort, der alles Lebende schirmend umschließt, auch das, das unserem kurzsichtigen Blick als *böse* erscheint:

Des Bösen Dasein beweist seine Notwendigkeit und schließt die Verheißung ein, daß seine Not sich wendet. Denn auch in ihm ist Tao, auch in ihm ist das Rettende: das Licht und die Kraft des Göttlichen. Er muß sich nur nach *innen* wenden, um zur Erkenntnis und Erlösung zu finden, und *lassen*, also Tao durch sich wollen und wirken lassen.

„Auch der Nichtgute ist auf dem Wege zur Vollendung". Wie manchem, der böse scheint, hat man nur den Weg verbaut, auf dem er gut sein wollte. Will nicht auch er für gut gehalten wer=den? Mit Recht, weil nur außen Dunkel ist, innen Licht.

Das Böse ist keine Macht an sich, sondern nur ein Schatten des Guten. Wer aber, wie der Weise, im Lichte steht, sieht keine Schatten mehr, sondern erkennt auch im Bösen das Gute, im Sünder das Göttliche, das „den errettet, der es als Retter erkennt".

Diese Wahrheit entspricht der vedischen Lehre von der Schuldaufhebung oder Karma-Tilgung durch das Erwachen zum Höchsten, und gleichermaßen der christlichen Botschaft von der Sündenvergebung und Erlösung durch die Hingabe an Christum und — durch ihn — die Einswerdung mit dem Vater.

Aus allen Religionen strahlt die gleiche Gewißheit: die Errettung und Erlösung des Menschen aus Nichterkenntnis, Irrtum und Schuld durch das Erwachen zur Wahrheit, bei dem der Gottmensch im Menschen erwacht, der Tao- oder Christus-Funke, den Paulus in seinem Brief an die Kolosser (1, 26 f.) das „verborgene Geheimnis" nennt, das sich dem Heiligen offenbart: der *Christus in uns,* das Geheimnis der Erlösung, die Heimat alles Guten und Göttlichen in uns, die Gewißheit unserer Vollendung.

## 63. GEDENKE DES ANFANGS

Dein Tun sei Nichttun /
dein Wirken Lassen /
dein Genießen nutzfrei.

Sieh das Große als klein /
das Viele als Eines /
und erwidere Widriges mit Wohlwollen.

Unternimm Schweres / solang es leicht ist.
Meistere das Große / solang es klein ist.
Denn alles Schwere entspringt aus Leichtem /
alles Große wächst aus Kleinstem.
So das Kleine meisternd /
tut der Weise Großes ohne Großtun.

Wer leicht verspricht / wird schwerlich viel halten.
Wer nicht aufs Kleine schaut / scheitert am Großen.
Weil der Weise / unbefangen /
das Ende im Anfang sieht / im Großen das Kleine /
wird auch das Verfänglichste und Schwerste
ihm leicht.

Zweierlei will Lao=Tse uns mit diesem Spruch bewußt machen: Das eine ist die Weisheit des *Wêi=Wu=Wêi*, des Tuns durch Nicht=Tun, des gierlosen Lassens, das, wie wir schon im dritten Spruch erfuhren, Widerstände und Widrigkeiten gewaltlos zum Weichen bringt.

*Tun durch Nicht=Tun* ist weder Nichtstun noch Quietismus. Wêi=Wu=Wêi praktizieren heißt vielmehr den Willen und die Kraft des Tao selbstlos, absichtslos durch sich wirken lassen, williges Werkzeug und Wirkzeuge des Tao sein. Und das heißt: das Wesentliche tun.

So handelt der Weise – ganz im Sinne auch der höchsten Forderung der Bhagavad Gita (II, 49 f.):

„Denn größer als das größte Werk
    Bleibt stets das Einssein mit dir selbst.
Kraft, Freiheit kommt von innen her.
    Weh', wer Erfolg nur außen sucht!

Wohl aber dem, den jedes Tun,
    Ob gut, ob schlimm, gelassen läßt;
Der handelt recht, durch den der Geist
    Wirkt; glückreich, heilvoll ist sein Tun!"

Das zweite ist die nicht geringere Weisheit rechter *Beachtung des Beginns,* die die Meisterung des Lebens, die den meisten so schwer fällt, leicht macht.

Der Philosoph *Kung=fu=tse,* der den Mystiker Lao=Tse nur halb verstand, machte aus seinem Wort eine Alltagslehre: Dem, der leichtfertig handelt, erwachsen Schwierigkeiten; der Weise hingegen bedenkt die Schwierigkeiten zuvor und unterschätzt nicht das Unscheinbare, darum vermag er alles zu meistern!

Lao=Tse meint jedoch nicht nur, daß ein gutes Ende weises Beginnen voraussetzt, daß nur, wenn der Anfang wohl bedacht, das Ganze gut gemacht ist; er zielt auf Größeres: er weist uns bis auf den *Uranfang* zurück – auf *Tao,* dessen Wirkenlassen von Anfang an die Meisterung jeglichen Werkes verbürgt. Was er meint und rät, ist dies:

*Wage es, weise zu sein, und beginne mit Tao!*

Wer dort, wo auch das Größte entspringt, beim Einen, aus dem alle Mannigfaltigkeit hervorgeht, beginnt, der gibt schon dem Keim der Geschicke die Neigung zum Rechten, leitet von der Quelle her den Fluß der Dinge zum guten Ausgang. Vom Beginn bis ans Ende sieht er den göttlichen Willen am Werk, den er gelassen durch sich wirken läßt.

Eben darum *„erwidert er Widriges mit Wohlwollen"*, vergilt er Böses mit Gutem, Groll mit Güte, Haß mit Hilfe, Feindschaft mit Segnung, Unrecht mit Rechttun, folgt also der gleichen Forderung, die *Christus* in der Bergpredigt stellt: Widerstehet dem Übel nicht! Liebet eure Feinde! Segnet, die euch fluchen! Tut wohl denen, die euch hassen! Bittet für die, so euch beleidigen und verfolgen! Mit einem Wort: Laßt nicht den Eigen-Willen, sondern den göttlichen Willen von Anfang bis Ende durch euch wirken, dann seid ihr auf dem Wege, vollkommen zu werden, wie euer Vater im Himmel vollkommen ist,
auf jenem Wege, auf dem euch alles, Schweres wie Leichtes, Böses wie Gutes, zum Heile gereicht!

## 64. BEACHTE DAS KLEINE

Leicht ist es /
das noch Ruhende zu lenken /
dem erst Kommenden zuvorzukommen /
das noch Schwache zu beugen /
das noch Kleine zu meistern.

Darum ordne die Dinge in ihrem Noch=nicht=Sein.
Lenke im Keim /
was später ungelenk und unlenkbar ist.
Der stärkste Baum wächst aus haarfeiner Wurzel /
das höchste Haus erhebt sich auf einem
Stückchen Erde /
die längste Reise beginnt mit dem ersten Schritt.

Eingreifen stört und zerstört /
ergreifen läßt schwinden und verlieren.
Also der Weise:
Nicht eingreifend / stört und zerstört er nicht.
Nicht ergreifend / verliert er nicht. –
Die Vielen hingegen /
geschäftig=giervoll eingreifend
und nach der Fülle greifend /
sind vor der Vollendung am Ende ...
... Sie würden nicht vorm Ziele scheitern /
achteten sie auf den Anfang wie aufs Ende /
aufs Kleine wie aufs Große!

Folge dem Weisen:
Gescheit sich bescheidend / scheitert er nicht.
Das Unbeachtete achtend /

die Dinge reifen und auf sich zukommen lassend /
folgt er der Weisheit des Nicht=Tuns
und erlangt / was ihm zukommt.

Auch der Philosoph Kung=fu=tse rät, auf das Kleine zu achten und den Anfängen zu wehren. Während er jedoch den sicht=baren Anfang meint, zielt Lao=Tse auf den Beginn im Unsicht=baren, im Noch=nicht=Sein, wo das Werdende zwar schon die Kraft zur Selbstverwirklichung, aber noch nicht seine end=gültige Form und Richtung hat.

Hier, wo es am kleinsten und unscheinbarsten ist, in seinem Geistkeim, ist es am leichtesten zu lenken und in seiner Ent=wicklung zu bestimmen. Das meint des Weisen Rat: Wirke auf das, was noch nicht ist; dann ordnest du, was noch ungestört und unverwirrt ist!

Und wie? In der Stille unseres Innern, auf dessen unbewegter Projektionsfläche sich die Gedanken Gottes klar und unverzerrt spiegeln, in gelassener Meditation leiten wir durch die Kraft des Ewigen, die im Grunde unserer Seele quillt und gleicher=maßen in den Dingen und Geschicken am Werke ist, alles vom Kleinsten, vom Keim her, zum Besten. Solange es noch ruht, noch nicht in Bewegung ist, ist es leicht zu lenken. Hier kann dem Unguten noch Einhalt geboten, die Tendenz des Guten noch verstärkt werden, was später immer schwerer und am Ende unmöglich wird.

Wie die vorgeburtlichen Einflüsse das werdende Kind in seinem späteren Sein und Verhalten entscheidender bestimmen als alle Erziehung, so lassen sich alle Geschicke in ihrem vor=geburtlichen Noch=nicht=Sein wesentlich vorherbestimmen — durch innere Einstimmung auf den Weltenwillen, gedankliche Vorverwirklichung und rechte Bejahung vom Geiste her. Denn „vom Geiste geh'n die Dinge aus", wie auch Buddha erkannte und lehrte.

Darum ist der Weise *zuvorkommend:* weil er auf das Kleine achtet, das Unscheinbare, das die Meisten unbeachtet lassen, und die Dinge und Geschicke in ihrem Noch=nicht=Sein ordnet, wirkt er, was Dauer hat und allen Segen bringt.

An drei Beispielen macht Lao=Tse uns diese Wahrheit bewußt: an dem des *Baumes* zeigt er, daß alles organisch *von innen her Wachsende* in seiner Keimform am leichtesten zum Guten, zur Vollendung gelenkt wird; an dem des *Hauses,* daß alles *von außen der Zunehmende* vom Grundriß und Fundament her am sichersten zum Rechten geführt wird; an dem der *Reise,* das alles *Geschehen* durch den ersten Schritt bestimmt wird, mit dem der letzte Schritt, die Zielerreichung, vorweggenommen ist.

Darum gilt es, den Dingen dort, wo sie am kleinsten sind, entgegen= und zuvor=zukommen. Denn späteres Eingreifen stört und zerstört, späteres Ergreifen und Festhaltenwollen wirkt Enttäuschung und Verlust. Je gieriger dabei die Ichsucht aufflammt, desto tiefer greift die Selbsthinderung und Selbst=Zerstörung. So gehen die Betriebsam=Getriebenen, weil sie das Kleine nicht sehen, in ihren Geschäften auf und — unter, indes der Weise gierlos=gelassen wirkt und, weil er selbst beim Tun zurücktritt, das, was er wirkt, zur Vollendung führt und selbst Vollendung erlangt.

## 65. ZIELWEISER – NICHT VIELWISSER

Die alten Weisen / Täter des Tao /
brachten den Menschen nicht die Vielfalt
des Wissens /
sondern lehrten die Einfalt der Weisheit.
Denn Vielwisser sind Zielungewisse
und schwer zu leiten.

Wer die Menschen nur durch Wissensmehrung
fördern will /
führt sie ins Verderben.
Wer ihre Weisheit mehrt /
dient ihrem Heil.

Wer beides bedenkt / ist Zielweiser und Leitbild.
Zielweiser sein heißt Träger der Tugend sein.
Teh / die Fülle der Tugend /
quillt aus der Tiefe / strömt in die Weite /
überwindet Unweisheit und Widerstand
und leitet alles Leben zum Meer der Erfüllung.

Mit diesem Spruch macht Lao=Tse die Überlegenheit des Ziel=wissers gegenüber dem Vielwisser sichtbar, des Lebemeisters gegenüber dem Lehrmeister, des Herzdenkers gegenüber dem Hirndenker. Weisheit reicht tiefer als Wissen; Erkennen ist mehr als Kennen, Einfalt einsichtiger als Vielfalt.

Entscheidend ist das *Ziel*, das den Vielen unbewußt und un=gewiß ist:

Wissen will herrschen, Weisheit will dienen. Wissen will scheinen, Weisheit sein. Wissen streitet um Worte und trennt; Weisheit weiß um das Wort und wirkt einend. Mit der Wis=

sensblähung schwinden Glücksvermögen und Harmonie; mit der Weisheitszunahme wachsen Friede und Zufriedenheit.

Es ist der Unterschied zwischen Erleuchtung und bloßer ‚Aufklärung', zwischen der Besinnung auf das Wesen und dem Hängen am Verwesenden, zwischen Leben und bloßem Da=Sein.

Von der Tiefe her gesehen, erweist sich die Weise der *Weisen,* die auf Herzensbildung zielt, dem Bemühen der *Klugen,* die nur Verstandesbildung erstreben, überlegen. Denn während die Letzteren weithin Einbildung, Scheinbildung und Halbbildung züchten, führen die Ersteren zur Ausbildung und Verwirklichung des göttlichen Urbildes, das im Menschen angelegt ist: zum TAO.

Die Früchte des listigen Klügelns der Klugen sind Klüngel und Cliquen, Haß und Hader, während das weisliche Wirken des Weisen zu Einhelligkeit und Einmütigkeit leitet, zu Eintracht und Einheit. Indes der Weise nach innen dringt, sich auf das Eine sammelt und um sein Ziel weiß, drängen die Klugen nach außen und zerstreuen sich in die Vielheit und Ziellosigkeit, wie die heutige Unordnung in der Menschenwelt erweist. —

Das bedeutet keine Ablehnung des Wissens, wie manche Kommentatoren dieses Spruchs meinen, sondern ihre Unterstellung unter die Weisheit, die vorausgehen muß, wenn Wissen förderlich werden soll.

Es ist eine Mahnung, über der Mehrung der *Kenntnisse* nicht das Wesentliche, die Vertiefung der *Erkenntnis,* zu versäumen. Denn Wissen ohne Weisheit wird zwar verschluckt, aber nicht verdaut; und die Folge der Wissensblähung ist, daß so wenig Menschen selbst denken, bewußt leben und zu wirklicher Lebensmeisterung gelangen . . .

Wo Wissen vorherrscht, wächst die Wirrnis. Wo Weisheit waltet, entsteht Harmonie und Fülle. Denn Weisheit ist Offenbarung des *Teh,* der Tugend, die zielhaft und lebenstauglich macht, während Wissen allzuleicht im ichhaften Zweckdenken des Pragmatismus und Utilitarismus versandet und endet.

Darum weist Lao=Tse uns zur Weisheit, die zum Einssein mit TAO führt. Wer TAO hat, hat alles: im Erkennen des Einen steht er über allem Kennen und Meinen.

## 66. SICH UNTEN HALTEN

Daß Ströme und Meere die Flüsse und Bäche
beherrschen /
geschieht / weil sie sich unten halten.
So bleiben sie der Fülle Herr.

Also der Weise:
Er wird anderen zum Vorbild / indem er zurücksteht.
Er führt sie aufwärts / indem er sich unten hält.
So schafft er Hervorragendes / ohne hervor zu ragen /
und wirkt Eintracht / ohne zu beeinträchtigen.

Weil er keinen bedrängt / drängt jeder ihm zu /
weil er unverdrossen ist /
wird man seiner nicht überdrüssig /
und weil er / Meister des Nicht=Tuns /
allen zugetan ist /
kann ihm niemand etwas antun.

Was Lao=Tse uns mit diesem und den folgenden Sprüchen bewußt machen will, ist die *Tugend der Tiefe*, die die Flüsse und Meere lehren:

Sich unten halten, heißt überlegen sein. Was tief liegt, drückt und bedrückt nicht, weckt keinen Widerstand, sondern bewirkt, daß alles ihm zuströmt und nachfolgt und seine Fülle mehrt.

Gleiches meint das Christus=Wort: „Wer sich erniedrigt, wird erhöht." Wer sein Ich zurückstellt, tritt mit seinem Werk nach vorn.

So wirkt der Weise:

Weil er ohne Anspruch ist, spricht er alle an. Weil er kein Streber ist, widerstrebt ihm niemand. Weil er hinten steht, behindert man ihn nicht. Weil er sich unten hält, setzt man ihn nicht herab, sondern neigt ihm zu, hebt ihn empor und folgt seinem Vorbild.

Je tiefer hinab, desto näher ist der Weise dem Grunde, dem Urgrund, dem All=Selbst. Selbstlos, ist er aller Selbst am nächsten. Daß er aus ihrem Urgrund wirkt, begründet seine Führerschaft und ihre Nachfolge.

## 67. DREI DAUERNDE SCHÄTZE

Die Welt nennt mein TAO groß /
mich aber unbedeutend.
Gewiß: je deutlicher TAO hervortritt /
desto bedeutungsloser wird das Ich.
Keinen Deut wert und ohne Dauer ist /
wer etwas bedeuten und gelten will.

Drei Schätze wahre ich / die währen:
der erste ist Güte /
der zweite Genügsamkeit /
der dritte Bescheidenheit.
Die Güte macht mich mutig /
die Genügsamkeit freigebig /
die Bescheidenheit zum Träger des Ewigen.

Heute nennt man den Rücksichtslosen mutig /
den Verschwender großzügig /
den Streber fortschrittlich . . .
Sie schreiten fort / fort vom Wesentlichen /
hin zum Verwesen / zum Tode /
indes die Gütigen durch Sanftmut siegen /
durch Nichtwiderstehen bestehen.

Wen der Himmel bewahren will /
den erfüllt er mit Güte.

Die Welt nannte und nennt die Weisheit des Leiters der Staatsbibliothek, mit einer Verneigung von seinem Amt und seiner Gelehrsamkeit, erhaben, wertet sie aber als unzweck=

mäßig und untauglich für die ‚Wirklichkeit', mit der sie sich seit je herumschlägt, ohne mit ihr fertig zu werden ...

Lao=Tse gibt ihr lächelnd recht mit seinem Wort von der Bedeutungslosigkeit des Ich, des äußeren Menschen gegenüber dem inneren, dem göttlichen Wesenskern, der in *jedem* Men=schen sein Wesentliches ausmacht, seinen wirklichen Wert. Per=sönlichkeit und Stellung ist nichts, alles hingegen die Einstel=lung auf das Überpersönliche, das Aufgeschlossensein für und Geführtsein von Tao.

Auf dieses Wesentliche kommt es an: ob wir uns selber auf den Grund gehen, zum *Wesen* finden und Dauer erlangen, oder ob wir am *Verwesenden* hängen und mit ihm zugrundegehen. —

*Die drei Schätze*, an denen die Welt vorübergeht, obwohl sie sie vor dem Vergehen bewahren, sind die ursprünglichen Tugen=den des Menschen, die ihn mit dem Ursprung zurückverbinden: Güte, Genügsamkeit und Bescheidenheit. Sie verbürgen und sichern, was die Welt ständig erstrebt, aber stets verfehlt.

Wer tiefer blickt, erkennt, was besser ist:

Die Vielen drängen nach vorn, wollen groß sein — und gelangen doch selten über das Mittelmaß hinaus. Der Weise tritt zurück und offenbart seine Größe und Überlegenheit durch die drei Tugenden des Tao=Erfüllten.

Die meisten halten sich für etwas Besonderes und Eigenes. Aber ihre Besonderheit ist ihre Schwäche: sie sind vom Einen Gesonderte, vom Ewigen Gelöste und Unerlöste. Der Weise sondert sich nicht, sondern eint sich dem Einen; und indem er sich zum Gefäß des Tao macht, wird er aller Fülle und Voll=kommenheit Eigner.

Die Welt liebt, indem sie ihre Zuneigung auf bestimmte Dinge und Wesen beschränkt und damit sich selbst begrenzt und einengt. Dem Weisen ist Liebe Wachsen um das, was er liebt; und da er das eine göttliche Selbst in *allen* liebt, ist seine Liebe und Güte, weil allen geweiht, allgeweitet und unbesieg=bar. Da der Gütige weder kämpft noch widersteht, wie der nächste Spruch zeigt, ist er allüberlegen. Das meint das Wort des Erwachten: „Wen der Himmel bewahren will, den erfüllt er mit Güte."

## 68. DEM HIMMEL GLEICH

Guter Verwalter waltet gewaltlos /
guter Kämpfer siegt kampflos /
guter Überwinder wendet widerstandslos /
guter Zwinger meistert zwanglos.

Das ist die Tugend des Nichtwiderstehens /
das ist die Kunst des Entscheidens
durch Bescheiden /
Das ist: dem Himmel gleich sein /
aller Zeiten höchstes Ziel.

Auch der Friedlichste kann in die Lage kommen, das Gute oder sich selbst verteidigen, sich mit Neidern und Feinden auseinandersetzen zu müssen. Da gilt es, wie Lao-Tse hier und in den beiden vorangegangenen Sprüchen lehrt, sich nicht zu entrüsten, sondern sich mit der besten Rüstung zu wappnen: mit der Tugend des *Nichtwiderstehens,* deren Tauglichkeit in unserer Zeit Gandhi bewies.

Weil sein Partner der Himmel ist, der Geist des Lebens, das Gesetz des Schicksals, ist der Selbstlose, der Gütige, der Friedfertige am Ende der Gewinnende. Streitlos, erlangt er unbestritten, was der selten kriegt, der darum Krieg führt.

Während dem Streitenden alles streitig gemacht wird, wird der Friedfertige mit allem fertig. Weil er unerregt, gelassen bleibt, läßt sich alles gut für ihn an. Nicht fechtend, bleibt er unangefochten. Was den Gewalttätigen überwältigt, zwingt er zwanglos.

Lao-Tse nennt es die Kunst des *Entscheidens durch Bescheiden:*

Indem der Weise sein Ich zurückstellt und sich unten hält, läßt er die Kraft des Widerstands und das Gesetz der Anziehung für sich wirken, wie schon der 66. Spruch klarstellte: Sich unten halten heißt überlegen sein. Den Menschen dienen heißt sie leiten.

Gleiches meint Christi Wort: „Wer da will groß sein unter euch, der sei aller Diener; und wer da will der Erste von euch sein, der sei aller Knecht." Das heißt nicht: herablassend tun, aber herrisch gesinnt sein, sondern: selbstbeherrscht und liebe=voll sich unten halten gleich dem Meer, das alle Bäche, Flüsse und Ströme zu sich zieht und sich vereint.

Das heißt, dem Himmel gleich sein: mit dem Ewigen, dem Einen im Einklang sein! Der scheitert nicht, der nicht selbst entscheidet, sondern ich=abgeschieden das All=Selbst durch sich wollen und wirken läßt.

## 69. DIE VERBORGENE KRAFT

Der im Lebenskampf Erfahrene weiß:
Besser ist / besinnlich nachzugeben /
als unbesonnen herauszufordern.
Besser ist / einen Fuß zurückzuweichen /
als einen Zoll vorzustoßen.
Dies heiße ich:
Vorwärtsgehen / ohne vorzugehen.
Einnehmen / ohne zu nehmen.
Halten / ohne zu behalten.
Siegen / ohne zu besiegen.

Heillos handelt / wer leichtfertig angreift /
denn leicht abgefertigt und überwältigt wird /
wer sich zum Anwalt der Gewalt macht.

Wo zwei zusammenstoßen /
siegt der Besonnenere.

Durch einige Paradoxa macht Lao=Tse das Geheimnis erfolg=reicher Selbstverteidigung sichtbar: die *verborgene Kraft*, die den Besonnenen siegen läßt.

Der *Besonnene* – das ist der Gütige, der Liebende, der Sanft=mütige, Barmherzige und Friedfertige, der, dem Wasser gleich, sich eben durch seine Weichheit und Zuvorkommenheit dem unnachgiebig auf ihn Eindringenden überlegen erweist.

Der Besonnene, der recht Gesonnene, der aus der Sonnen=mitte seines Wesens Handelnde, besitzt die stärkere Kraft, weil er, angegriffen, seinen Standort nicht unbesonnen aufgibt und vorstößt, sondern sich – gleich dem Ringer von Rang – die Stoßkraft des Gegners nachgebend nutzbar macht. Fest in seiner Mitte verankert und seines inneren Halts bewußt, hat er den längeren Atem und läßt gelassen die verborgene Kraft walten, die die rohe Gewalt überwältigt.

Das ist die Stärke des scheinbar Schwachen: unbewaffnet, ist er doch nicht ungerüstet. Er läßt sich gern unterschätzen. Er ist, wie Lao-Tse sagt, „lieber Gast als Wirt": er läßt, der Strategie der Lebenskunst folgend, dem Angreifer den Vortritt, der, wenn unbedacht, zum Fehltritt wird. Er dringt vor, ohne zu bedrängen.

Weil sein Tun *Nicht-Tun* ist, offenbart die verborgene Kraft, die er willig wirken läßt, am Ende seine sittliche und dynamische Überlegenheit.

Es ist die gleiche Kraft, durch die der Weise in der inneren Welt handelt und fortschreitet, ohne die äußere zu bewegen.

## 70. LEICHT ZU VERSTEHEN

Meine Worte sind leicht zu verstehen /
noch leichter zu befolgen /
und werden doch selten verstanden /
noch seltener befolgt.

Meine Worte urstanden im Ursprung
und folgen dem Urgesetz.
Wer dies nicht kennt / verkennt mich.
Daß die Wenigen mich erkennen und verstehen /
gereicht mir zur Ehre.

Unscheinbar ist der Erwachte nach außen /
innen aber ist er Licht.

*Lao=Tse* spricht hier als Mystiker, dessen Feststellung nicht wie bei dem Philosophen Kung=Tse ein Resignieren ist, daß er von der Menge nur schwer und selten verstanden werde, sondern ein ermutigender Hinweis darauf, daß seine Worte in Wahrheit leicht und jederzeit verstanden werden, wenn man statt der Traum=Augen und =Ohren des Leibes das innere Auge und Ohr der Seele öffnet, um der Wirklichkeit innezuwerden.

Darum mahnt er uns: Es genügt nicht, meine Worte im Munde zu führen; ihr müßt sie *vollführen*, damit sie euch zur Fülle führen, ins volle Licht der Erkenntnis. Träumt nicht von der Wirklichkeit, sondern erwacht zu ihr, um in ihr zu wirken! Die Vielen ziehen es vor, weiter zu träumen; manche aber stehen schon im Erwachen; und Einzelne sind voll zur Innenwelt der Wirklichkeit erwacht.

Gleiches sprach *Christus* im Blick auf die Menge aus:

Mit sehenden Augen gewahren sie die Wahrheit nicht; mit hörenden Ohren vernehmen sie das Wort nicht!

Und warum nicht? Weil des Weisen Wort nicht von außen, sondern vom Innersten kommt und *Erhellung und Verhüllung* des Wesens ist: Erhellung für den, der nach innen schaut; Verhüllung für die, die aufs Äußere achten.

Nur die Ersteren verstehen Christi Wort: Meine Worte kommen vom Vater; wer Ihn nicht kennt und nicht von Ihm ergriffen ist, der kennt und begreift auch mich nicht.

Alle Mystiker machten diese Erfahrung:

Die Vielen hören die Worte, erfreuen sich an ihrem Klang und überhören das Wesentliche. Einige werden aus Hörenden zu Horchenden, fühlen sich angesprochen und gerufen. Aber nur die Wenigen, die Berufenen, folgen dem Ruf.

Wie die Lehren aller Erwachten, bestehen auch die Lao-Tse's aus mehrfacher Schale und einem innersten Kern. Den Vielen genügen die Schalen. Die Wenigen finden zum Kern.

Um das zu verdeutlichen: Die Meisten sehen nur die äußerste Schale: das *gesprochene Wort*. Einige dringen tiefer und genießen das *Wortspiel* des Spruchs. Einzelne halten die innere Schale – den *Geist des Worts* – für den Kern. Die Wenigen durchstoßen auch sie, gelangen ins Innerste und vernehmen das *Wort des Geistes*, das in ihnen selbst, in ihrem Selbst ertönt und sie zu Tätern des Worts macht, zu Brüdern des Erwachten, die ihm zur Ehre gereichen, weil sie die Antwort auf sein Wort sind. Denn wer den Erwachten erkennt, ist mit ihm *eins*. –

Wenn auch seine Worte leicht eingehen, scheint der Erwachte doch schwer verständlich. Seine Worte wären leicht zu verstehen und noch leichter zu befolgen, würde man weniger auf das Tun, mehr auf das *Nicht-Tun* achten. Denn nichts ist leichter als Nicht-Tun, da es kein Mühen erfordert. Aber in seiner Leichtheit, die Lichtheit ist, liegt seine Schwerzugänglichkeit für den, der noch nicht seinen Schwerpunkt im göttlichen Zentrum seines Wesens fand und von dort aus ins Licht-Erwachen erhoben wurde ...

Voll verstehen wird die Worte des Erwachten nur, wer nicht auf die äußeren Hüllen schaut, sondern die innere Helle erkennt. Denn je weiter außen, desto größer wird die Dunkelheit der Worte. *Innen aber ist das Licht und das Wort.*

## 71. DES LEIDES LEDIG

Sein Nichtwissen erkennen / ist Weisheit /
Es nicht erkennen und sich wissend wähnen /
ist Leid.

Dieses Leides leidig sein heißt seiner ledig sein.
Der Weise ist leidfrei /
weil er des Leides leidig ist.
Darin liegt seine Freiheit.

Dieser lapidare Spruch will uns vom Wissenswahn zur Weisheit leiten, indem er uns bewußt macht:

Was die Welt für Wissen hält, ist in Wahrheit Nichterkenntnis.

Wahnverstrickt ist, wer Wissen mit Wesen verwechselt. Wahnfrei ist, wer Wahn als Wahn erkennt. – Gleichermaßen: ohnmächtig und unvollkommen ist, wer seine Fehler für Tugenden hält. Zur Macht der Vollkommenheit erwacht, wer Fehler als Fehler erkennt. Denn erkanntes Leid ist überwundenes Leid.

Die am Wissenswahn Leidenden sind *Schlafende.* Der *Erwachte* ist der von der Weisheit Geleitete. – Die noch Schlafenden werden unleidlich, wenn man sie wecken und ihnen bewußt machen will, daß es nur ein Leid gibt: *Nichterkenntnis,* und daß, was sie ‚Wissen' nennen, weithin dazu gehört, weil es zum Wähnen und Meinen verleitet, während Weisheit zur Erkenntnis des Einen leitet. Wissen führt ins Weite des bloß Bewußten. Weisheit in die Tiefe der Gewißheit. Darum will Wissen Beweise, Weisheit Weisung. –

Der erste Schritt auf dem Wege zur Wahnfreiheit und Wirklichkeits-Gewißheit ist Erkenntnis des Nichtwissens. Es ist der Schritt vom *Ich* zum *Selbst.*

Denn das Leiden des *Ich* ist das Wissen. Es wächst aus den Sinnen.

Die Leite des *Selbst* ist die Weisheit. Sie wurzelt tief innen.

Der Aufgang des göttlichen Selbst ist der Untergang des Ich und seines Wissenswahns. Das ist die Erkenntnis, die frei macht.

Darum wendet sich der Weise nach innen, um sich, ledig des leidigen Ichs, von der Weisheit des Selbst leiten und aus der Dunkelheit und Dumpfheit des *Relativen* in die Helle und Wachheit des *Absoluten* erheben zu lassen.

Wer ihm folgt, wird aus einem Leidenden zu einem Leitenden — einem vom und zum Absoluten Geleiteten.

## 72. ICH UND SELBST

Wo unter Menschen die Ehrfurcht schwindet /
schwillt die Furcht.
Darum laß sie / selbst=bewußt /
in sich selber wohnen.
Laß sie / wesens=wach /
nach dem inneren Leben trachten.
Dann treten sie aus der Enge des Ich
in die Weite des Selbst.

Also der Erwachte:
Er weiß um sein Selbst und läßt das Ich zurücktreten.
Er liebt sein Selbst und schätzt das Ich gering.
Weil er das Ich nicht hoch hält /
hält ihn das Höchste / sein Selbst.

Das im vorigen Spruch Angedeutete wird hier verdeutlicht: daß der Schritt *vom Ich zum Selbst* aus Beengung und Unheil zu Weite und Geweihtheit führt.

Solange einer dem Ich verhaftet ist, heften sich Leid und Furcht an seine Fersen. Sowie er sich dem Selbst hingibt, weiht er sich dem, der allein Ehre und Ehrfurcht verdient.

Wo die Ehrfurcht vor dem Höchsten, den jeder *in sich* trägt, fehlt oder schwindet, da nahen und wachsen Furcht und Not. Denn im *Ich* ist, wie in einer engen Wohnung, Bedrängnis, Gedränge und Drangsal. Im *Selbst* ist, wie im All, Unbegrenztheit, Größe und Freiheit.

Was vom Ich kommt, ist mondenhaft, schattenreich, trugvoller Schein. Was aus dem Selbst strahlt, ist sonnenhaft, klar, untrügliches Sein. Aus dem einen quellen Dunkel und Dünkel, aus dem anderen Helle und Heil.

Je enger die Wohnung, auf die einer sich beschränkt, desto unheimeliger wird sein Dasein. Wer aber in sich selber wohnt, in seinem Selbst seine Heimstatt hat, dessen Leben ist heilvoll und reich.

Dies nennt der Weise: der Enge des Ich entwachsen, über das Selbst ins Göttliche emporwachsen und mitten im Zeitlichen mit dem Ewigen eins sein. Das heißt nicht, daß man das Leben flieht und sich dem Himmel weiht. Sondern es heißt: das Leben meistern und nach innen schreiten und hier und jetzt *sein Selbst zum Himmel weiten.*

## 73. MUT MIT WEISHEIT

Mut / der zu Übermut und Hochmut schwillt /
stürzt in den Tod.
Mut / der aus Demut und Sanftmut quillt /
leitet zum Leben.
Der eine wirkt Unheil / der andere Heil.
Doch wer achtet darauf / wie der Himmel ihn wertet?

Der Weise gedenkt der Folgen
und folgt der Weise des TAO.
TAO waltet ohne Gewalt /
gebietet ohne Gebot /
beruft ohne Ruf /
bewirkt ohne Werk.

Sein Schicksals=Netz ist weitmaschig /
doch allumgreifend /
und nichts entgeht ihm.

Mut ist gut. Weisheit ist besser. Mut, mit Weisheit gepaart, ist das Beste.

Die Unerwachten sind bald schwer= und kleinmütig, bald leicht= und hochmütig, indes der Schicksalswache um das Gesetz der Folge weiß und sanftmütig, lang= und gleichmütig bleibt.

Die Einen zerbrechen an den selbstgewirkten Widrigkeiten und werden aus Süchtigen zu Siechen. Der Andere läßt Tao durch sich wirken und lernt, durch den Segen, den er spendet, zu siegen. Weil er das Maß kennt, mit dem das Schicksal mißt, ist er weder vermessen noch anmaßend. Sein Maßstab ist Tao. Sein Wahrspruch ist: ‚Folg' dem Gesetz, dann entgehst du dem Netz.' –

Die Heiligen Schriften vergleichen die Göttliche Gerechtigkeit einem *Netz*, das „weitmaschig ist, doch allumgreifend, und dem nichts entgeht."

Aber obwohl der Dichter mahnt: „Gottes Mühlen mahlen langsam, mahlen aber trefflich fein; wo aus Langmut Er sich Zeit nimmt, bringt mit Schärf' Er alles ein", scheint es den Unerwachten doch oft, als blieben Übermut und Hochmut ungestraft, während die Not mancher Sanftmütigen ihren Unmut erregt ... Sie sehen nicht, daß der in seinem eigenen Netz Verstrickte und Gefangene, obwohl er sich frei wähnt, den Folgen nicht entgeht, die um so schwerer wiegen, je länger sie reifen.

Wo Menschentat und Schicksalswirken sich scheinbar widersprechen, dringt der Blick des Schicksalsichtigen in die Tiefe und gewahrt, daß einem Bösen oft früheres Guttun zugute kommt und einem Guten noch früheres Falschtun folgt wie dem Wanderer der Schatten ... Nur wer das *ganze* Netz und die weitgreifenden Fäden des Schicksals mit allen Verknüpfungen des eigenen mit fremden Schicksalen übersieht, urteilt recht und erkennt, daß jeder erntet, was er je gesät.

Eben weil die einzelnen Fäden des Schicksals im Kausalnetz so weit voneinander abstehen, sollte der Schicksalsblinde davon abstehen, über ihren Zusammenhang und Fortgang zu urteilen. Er sieht noch nicht, daß er selbst – wie jedes Ich – ein *Knoten* im Netz des Schicksals ist: Täter und Treffpunkt, Wirker und Erleider selbstgeknüpfter Geschicke, die nur *der* Mut mit Weisheit zum Besten wandelt, der der Weise des Tao folgt.

So handelt der Weise. Weil er nicht streitet, bleibt er schicksallos. Weil er weder werkt noch nach Lohn giert, ist sein Wirken Segnung. Weil er nichts fordert, wird er gefördert. Weil er nicht rechnet, wird alles recht.

## 74. AUFRICHTEN STATT RICHTEN

Wenn die Menschen den Tod nicht fürchten /
wozu da mit dem Tode drohen?
Und wenn man Untat mit dem Tode bedroht /
wer wollte hier richten und hinrichten?

Einer nur entscheidet über Leben und Tod.
Wer an seiner Statt richtet und tötet /
gleicht einem Blinden /
der statt des Zimmermanns die Axt führt
und sich selbst verletzt.

Mit den ersten Worten hebt Lao=Tse darauf ab, daß für den Menschen des Ostens, dem die Todesstrafe noch als Selbstver=ständlichkeit gilt, der Tod keine Schrecken hat, weil er ihm kein Ender ist, sondern ein Wender, kein Untergang, sondern Über=gang zu neuem und – vielleicht – erträglicherem Sein ...

Aber auch im Westen, wo der Tod gefürchtet wird, ist Todes=drohung und Hinrichtung eine Barbarei gleich der Blutrache. Denn des Menschen Amt ist nicht, zu richten, sondern aufzu=richten. Mit Recht, denn Todesdrohung schreckt nicht ab, son=dern führt zur Gleichgültigkeit gegen den Tod. Gleichgültigkeit gegen den Tod aber bewirkt Gleichgültigkeit gegen das Leben. So fördert Todesdrohung den Willen zum Töten, nicht den, Leben zu erhalten.

Dazu kommt, daß zwar das Körperwerkzeug des Untäters vernichtet werden kann, nicht aber der Täter selbst: er giert, körperlos, nach Vergeltung, wird andere Werkzeuge finden und, wiedergeboren, gleiche Untaten begehen. So ist Töten keine Lösung, sondern eine Hinausschiebung des Problems, das sich aufs neue stellt, bis es gelöst und der Irrende aus Nicht=erkenntnis erlöst ist ...

Darum Lao=Tse's Mahnung: *Aufrichten, nicht richten!* und Christi Forderung: „Richtet nicht, auf daß ihr nicht gerichtet werdet! Denn mit welchem Gericht ihr richtet, werdet ihr ge=richtet, und mit welchem Maß ihr messet, wird euch gemessen werden!" Beide wußten um das *Schicksalsgesetz*, nach welchem jeder erntet, was er gesät, und mit dem gestraft wird, womit er sündigt — auch der Schicksalsblinde, der sich anmaßt, über andere zu richten, mag er sich noch so gerecht und berufen wähnen.

Wer gegen das Gesetz der Ehrfurcht vor dem Leben, das Töten verbietet, vergeht, wird vom gleichen Gesetz ereilt. Mord bleibt Mord, ob er im Wahn, im Auftrag oder im Namen des Gesetzes begangen wird. Einen Töter zu töten heißt ein Übel durch Wiederholung verdoppeln.

Unrecht wird nicht durch gleiches Unrecht überwunden, son=dern nur durch Verständnis und Liebe, Aufrichtung und hei=lende Hilfe.

*Aufrichten* heißt: Baue der Wiederholung vor; sorge für Bes=serung; heile, was krank ist; erwecke das Bewußtsein der Hei=ligkeit allen Lebens und hilft dem Schwachen, sich im Barm=herzig= und Gutsein zu üben. Lehre ihn, in jedem Wesen den Gottesfunken zu erkennen und in ihm *sich selbst* zu sehen: sein innerstes Selbst, das mit dem Selbst aller Wesen, dem All=Selbst, *eins* ist.

Mit Recht wird Christi Mahnung bei Lukas im Sinne Lao=Tse's ergänzt: „Verurteilt nicht, so werdet ihr nicht verurteilt werden! Sprecht frei, so werdet ihr freigesprochen werden! Gebt, so wird euch gegeben werden!" Helft, so wird euch gehol=fen werden!

Denn wo immer im Bösen das schlummernde Gute geweckt wird, da werden Ketten des Leides zerbrochen und Keime kom=menden Glücks entfaltet.

## 75. ORDNUNG DES LEBENS

Das Volk ist verbraucht und abgezehrt /
weil die Obrigkeit zu viel braucht und verzehrt.
Daher seine Not.
Das Volk ist ungezügelt und ungelenk /
weil die Obrigkeit es zu viel zügelt und lenkt.
Daher seine Unbotmäßigkeit.
Das Volk nimmt den Tod leicht /
weil die Obrigkeit ihm das Leben schwer macht.
Daher seine Gleichgültigkeit.

Weiser und leichter lenkt /
wer weniger verordnet und verwaltet
und die innere Ordnung des Lebens walten läßt.

Was Lao=Tse mit diesem Spruch andeutet, versteht sich ohne weitere Verdeutlichung:

Je anspruchsvoller, geschäftiger und teurer eine Regierung, desto kürzer ihr Bestand. Denn wo das Volk darbt, wächst die Verderbnis.

Je überspitzter die Gebote der Führenden, desto abgestumpf=ter und unbotmäßiger werden die Geführten. Durch verständ=nislose Überforderung wird ihr Widerstand herausgefordert. Und je leichtfertiger ihrer Auflehnung mit Gewalt begegnet wird, desto schwerer ist ihr Widerstand zu bewältigen. –

Die weiseste Regierung ist jene, die das Volk unterweist, sich selbst zu regieren, die nicht Lässigkeit, sondern Gelassenheit vor Übergeschäftigkeit stellt und die Dinge, statt ihre Ordnung von außen her zu verfügen, sich von innen her fügen und regeln läßt.

Denn nicht äußeres Ordnen macht Dinge und Wesen gefügig, sondern das Wirkenlassen der *inneren Ordnung,* die der Dichter ahnt: „Regel und Ordnung waltet im All, und wenn sie nicht im Busen dir waltet, so wirkt nichts die verborgene Kraft."

Der Weise beachtet und nützt das Gefüge und die verborgene Kraft der inneren Ordnung zu aller Heil. Dem Unweisen gereicht ihre Nichtbeachtung zum Unheil.

## 76. ERSTARREN HEISST STERBEN

Schmiegsam und geschmeidig ist der Mensch /
wenn geboren /
starr / störrig und steif /
wenn er stirbt.
Biegsam / weicht und zart sind Kräuter und Bäume
im Wachstum /
dürr / hart und stark
im Entwerden.
Darum gehören Starre und Stärke dem Tode /
Weichheit und Zartheit dem Leben.

Wer sich auf Stärke stützt / siegt nicht.
Der starke Baum wird zuerst gefällt.
Starkes und Hartes geht unter /
Weiches und Zartes steigt auf.

*Erstarren heißt sterben!* warnt Lao=Tse, Verhärtung führt zum Dürrewerden und Verdorren.

Alles Lebendige ist weich und beweglich, alles Todgeweihte starr und störrisch. Was nicht mehr weich und wesenhaft ist, währt nicht. Formhaft, entwest und versteinert, verwest es.

Wird nicht der härteste Fels vom Weichsten – vom Wasser wie vom zarten Keim – gesprengt? So stürzt, wer sich auf Stärke stützt.

Was im Physischen und Organischen gilt, gilt auch im Ethi=schen und Religiösen, für Systeme und Ordnungen, Gemein=schaften und Staaten, Weltanschauungen und Glaubensformen: Solange sie geistgelenkt und lebendig sind, weich und wesen=haft, sprießen und gedeihen sie und werden, weil ersprießlich und förderlich, gewertet und geschätzt. Sowie sie erstarren, ver=

härten und fordern, hindern sie, wirken Zerwürfnis und werden als entwertet verworfen.

Ist eine Regel zur Satzung erstarrt, eine Lehre zum Dogma, so ist sie am Ende. Denn wo an die Stelle des Geistes und der Bewegung die Form tritt, Stillstand und Gesetz, ist sie dem Untergang ausgesetzt. Wo immer aus Dynamik Mechanik wird, folgt der Entwesentlichung die Verwesung.

*„Der starke Baum wird zuerst gefällt"*. Der stark sich Dünkende, aus Dünkel Ungefällige verfällt und wird gefällt.

Je mehr einer sich auf äußere Werte und Mächte stützt — wie ein alter Baum, der der Stützung bedarf — und je hartnäckiger er nach Sicherungen sucht, desto sicherer und härter ist sein Sturz.

Wer immer sich groß dünkt, sich für fertig und vollkommen hält, wird vom Leben abgefertigt, verworfen und geht unter. Der immer Lernende hingegen, der um sein ewiges Lebensschülertum weiß, nimmt zu an Weisheit und Leben, an Tauglichkeit und Tüchtigkeit, und steigt auf.

## 77. DES HIMMELS WEISE

Des Himmels Weise gleicht der des Bogenschützen:
Entspannt / spannt er den Bogen /
daß Oben und Unten sich nähern.
Das Unnötige / die Ich=Bemühung / meidet er.
Das Wesentliche / die Tao=Kraft /
läßt er / den Pfeil entlassend / walten.
Gleichnis des Himmels /
dessen Gleichmut alle Dinge ausgleicht.

Anders der Menschen Weise:
Gierend / mehren sie den Mangel
und verschließen sich der Fülle.

Der Weise hingegen / der Tao hat /
vollbringt sein Werk / allen Vollendung bringend.
Weil er nichts hält und behält /
wird er zum Behältnis der Fülle.
Weil er nur Mittler sein will /
wird er unvermittelt aller Dinge Mitte.

Dieser Spruch ward viel mißdeutet, weil hier der Mystiker spricht, der nur von seinesgleichen verstanden wird.

Zu Lao=Tse's Zeiten wie noch heute gilt die Kunst des Bogenschießens im Fernen Osten mehr als geistig=kultische denn als körperlich=kriegerische Übung, deren Ergebnis nicht das *Treffen des Ziels*, sondern das *Trefflicherwerden des Selbstes* ist und deren Geheimnis nicht im Tun und Mühen, sondern im Nicht=Tun und Tao=Wirken=Lassen liegt.

Wie beim Bogenspannen das obere Ende von Bügel und Sehne herab= und das untere Ende hinaufgezogen wird, so daß sie sich der Mitte nähern, so gilt es für den Weisen, Oben und Unten, Himmel und Erde, in seiner Wesens=Mitte sich nähern zu lassen. — Und wie?

*„Das Unnötige, die Ich=Bemühung, meidet er"*: Während es der Menschen Art ist, ihr Ich bei der Zielsetzung und Zielan=näherung giervoll zu spannen, zu bemühen und anzustrengen, geht der Weise den Weg des Nicht=Widerstehens und gelas=senen Nicht=Tuns.

Wie der Ringer in der ‚Sanften Kunst' den Atem in der Lei=besmitte sammelt und festhält, so der Weise das Bewußtsein in der Wesensmitte. Um so fester steht er, um so mehr Kraft strömt hervor, um so müheloser vollzieht sich das Werk. — Und warum?

*„Das Wesentliche, die Tao=Kraft, läßt er, den Pfeil entlas=send, walten"*: Nicht das *Ich* ist es, das den Bogen spannt und den Pfeil gelassen ins Ziel entläßt, sondern sein *Selbst*.

Weil das Ich nie von sich los kommt, erreichen seines Willens Pfeile so selten das Ziel. Denn das Ich hat Absicht, das Selbst sieht ab. Das Ich ist immer auf ein Ziel hin in Bewegung; das Selbst wird, unbewegt, sich selbst zum Ziel.

Was Lao=Tse uns damit bewußt machen will, ist dies:

Das Auseinanderziehen von Bügel und Sehne beim Bogen=spannen ist Sinnbild der Auseinandersetzung zwischen Ich und Selbst, die darauf hinzielt, daß das Ich mit seinem Wollen und Mühen zurücktritt und das *Selbst* Zielgeber und Zielerrei=cher sein läßt.

Hierin liegt das Geheimnis des Nicht=Tuns: daß der Zielende nicht nach außen, sondern nach *innen* gewandt ist, daß Bogen und Pfeil ihm Mittel sind, sich selbst zu treffen und trefflicher zu werden, daß alle Zielbewegung nach innen geht: zur We=sensmitte.

Mit Wêi=Wu=Wêi — Tun durch Nicht=Tun — folgt der Weise des Himmels Weise und bewirkt, daß Widrigkeiten weichen, Ungerechtigkeiten sich ausgleichen. Während die, die sich um alles kümmern, in wachsende Kümmernis geraten, gelingt ihm, dem Unbekümmerten, alles mühelos. Weil er sich dem Tao angleicht, wirkt er durch sein bloßes Dasein Wandlung, Aus=

gleich und Einklang. Weil er nicht mehr zielt, erzielt er Vollendung.

Denn von dem, der ichlos und gelassen ward, löst sich der Pfeil der Erfüllung wie eine reife Frucht vom Baum. Und immer gleicht solche Lösung dem Blitz der Erleuchtung, der von der Wesensmitte her – durch die Einswerdung mit dem Allziel, TAO – das ganze Leben licht und leicht macht.

## 78. WAHRHEIT KLINGT PARADOX

Nichts in der Welt ist weicher /
nichts nachgiebiger als Wasser /
und doch überwältigt es das Harte und Starre.
Nichts kommt ihm darin gleich.

Jeder weiß:
Weiches überwindet das Harte /
Nachgiebiges das Starre und Starke.
Doch keiner handelt danach.

Der Weise aber weiß und erweist es:
Wer anderer Leid auf sich nimmt / ist der Leitende.
Wer anderer Not löst / ist der Erlöste.
Wahrheit klingt paradox.

Wenn eine Wahrheit verborgen scheint, liegt das an den Menschen, nicht an ihr.

Sie kann erst sichtbar werden und wirken, wo ein Mensch für sie reif und wach wird. Er gewahrt, daß die einfachsten Wahrheiten die tiefsten sind und jene, zu denen die Menschen am spätesten finden.

Darum sucht der Weise den schlummernden Wahrheits-Sinn durch Reize, durch *Paradoxa*, zu wecken, weil im scheinbaren Widersinn oft der Tiefensinn einer Wahrheit am ehesten aufblitzt. Wird im äußeren Wortspiel das innere Wort vernehmbar, dann werden die Hörenden zu Horchenden, die Lesenden zu Erlesenen, dann wird die Wahrheit zur Arznei, die heilt, zur Erkenntnis, die frei macht.

Am Paradoxon erkennt man den Wahrer der Wahrheit.

Was er weiß und erweist, ist dies: Zur Wahrheit erwacht nur, wer in der Versenkung ihrer gewahr und im Innewerden mit ihr *eins* wird. Denn alle Wahrheit ist innen: das Licht der Seele, die Sonne des Geistes. In ihrem Glanz wird hinter dem Wort der Weisheit die *Weisheit des Worts* deutlich und deutbar, die immer *Antwort* auf eine Frage ist, Gewißwerden der Wirklichkeit.

Wer sich von ihr ergreifen läßt, begreift sie.

Wenn Lao-Tse das im 8. Spruch über das Gleichnis des *Wassers* Gesagte weiter verdeutlicht und den im 76. Spruch entwikkelten Satz, daß Weichsein Leben bedeutet, Erstarren Sterben, erneut unterstreicht, so will er damit zugleich das Gleichnishafte des Paradoxen aufzeigen, das der nach *Außen Gerichtete* – der Exoteriker – unverwandt buchstäblich nimmt, der nach *Innen Gewandte* – der Esoteriker und Verwandelte – sinnbildlich wertet.

Ein Paradoxon hat – wie die Wahrheit – zumindest zwei Aspekte: einen äußerlichen und einen innerlichen – einen objektiven und einen subjektiven – einen endlichen und einen unendlichen. So nehme man das Wort des Apostels von der Stärke des Schwachen: „Wenn ich schwach bin, bin ich stark", des Weisen Gewißheit von der Überlegenheit das Lassens und Hingebens und Christi Mahnung: „Die Sanftmütigen werden das Erdreich besitzen"!

Doch *„keiner handelt danach"*, der noch nach außen blickt. Nur der nach innen Gewandte, der zum Wasser der Weisheit Gewandelte und Erwachte, der Heilige, handelt seinem Wesen gemäß all-willig und weich, weisheits- und weihevoll und wirkt immer das Wesentliche.

*„Wer anderer Not löst, ist der Erlöste":* Wer im Außen erträgt, sieht sich im Innern getragen. „Wer sich erniedrigt, der wird erhöht." Anderer Leid lösend, wird er zum lichtwärtsleitenden Lebensführer.

So folgt der Weise dem *Gesetz des Opfers:* Indem er sich selbst darbietet und sein Höchstes hingibt, wird er mit dem Höchsten in allem und über allem eins und zum Einen selbst.

## 79. ERTRAGEN UND VERTRAGEN

Wird großer Streit geschlichtet /
bleibt oft ein Groll zurück.
Wie läßt er sich lösen?
Dadurch / daß der Weise das Fördern vor das Fordern stellt.

Der Weise achtet des Andern Belange
und übt das Ertragen / Vertragen und Teilen.
Der Unweise kennt nur sein Verlangen
und beharrt auf Vertrag und Vorteil.

Doch dem Tao des Himmels ist Bevorzugung fremd /
immerdar gibt er dem Gütigen.

Der *Unweise*, dem Teh, die Tugend der Tao=Tauglichkeit mangelt, ist für das Festhalten der Schuld durch Verpflichtung und Vertrag, der dem Andern Lasten aufládt.

Der *Weise*, der von Teh Erfüllte, ist für die Lösung der Schuld durch Selbstverpflichtung, Vertragen und Entlasten des Andern. Seine Güte glättet die Wogen des Grimms und des Grolls.

Weil er mit sich selbst in Frieden und mit dem Ewigen eins ist, findet er auch mit anderen zum Frieden und Einigsein. Weil er keine Ansprüche erhebt, spricht er an. –

Lao=Tse nimmt hier auf die altchinesische Vertragsform Bezug, bei der auf einem Holztäfelchen die Pflichten auf der linken, die Rechte auf der rechten Seite niedergeschrieben wurden. Danach wurde das Täfelchen in zwei Hälften zerbrochen und den Vertragschließenden je ein Teil zur Aufbewahrung übergeben. Bei Vertragsstreitigkeiten wurden die Hälften aneinandergehalten, um die zusammengehörenden Rechte und Pflichten aufs neue klarzustellen.

Der Weise nun *„stellt das Fördern vor das Fordern"*: er übernimmt, wie Lao-Tse mit dem Blick auf die alte Vertragsform klarstellt, „die linke Vertragsseite und treibt vom andern nicht ein." Er nimmt die *Pflichten* auf sich, ohne auf seine Rechte zu pochen, und erfüllt damit Sinn und Geist des Vertrags: das *Vertragen* –. Er fordert nicht, sondern beschränkt sich aufs Fördern, Ausgleichen und Helfen – und wird dabei doch nicht ärmer, weil dem, der sich gibt, gegeben wird.

Da er in Tao wandelt, ist Tao in ihm und mit ihm. Und da Tao unparteiisch ist wie das Schicksalsgesetz und dem, der dem Himmel am nächsten steht – dem Gütigen, dem Verträglichen, dem Liebenden – unwandelbar zur Seite steht, bleibt bei jedem Haß der Haßlose, bei jedem Streit der Streitlose Sieger.

Wie kann das anders sein, da doch jeder mit dem Maß gemessen wird, mit dem er mißt, und jeder am Ende erntet, was er gesät hat.

Darum auch bekümmert es den Weisen nicht, ob sein Guttun, Geben und Helfen vom Andern verkannt oder anerkannt wird. Er tut das Seine und überläßt das Übrige dem Himmel, dessen Willen er zu erfüllen trachtet – der Tragweite rechten Tuns bewußt und gewiß:

Wer das Ertragen und Vertragen übt, wird vom Himmel getragen.

## 80. LOB DER EINFACHHEIT

Ein Land tut gut / klein zu bleiben /
mit wenig Bewohnern /
die mit allem versehen sind / doch gering an Bedarf /
die das Leben lieben und nicht an Fernweh leiden /
die Wehr und Waffen haben und sie nicht gebrauchen /
die über Bildung und Gelehrsamkeit verfügen /
doch das Brauchtum und Weistum der Alten vorziehen.

Ihre Nahrung ist ungekünstelt /
und doch schmackhaft.
Ihre Kleidung ist schlicht / und doch schön.
Ihre Wohnung ist einfach / und doch behaglich und friedevoll.
Ihre Lebensweise ist frei und duldsam
und ein Quell der Einheit und Zufriedenheit.

Obwohl das Nachbarland in ihrer Reichweite liegt
und das Brausen seines Lebens lockend bis zu ihnen tönt /
bleiben sie selbstbeschlossen und gelassen und werden in Frieden alt /
frei vom Verlangen / in die Ferne zu schweifen.

Lao=Tse schöpft aus den Erfahrungen, die er im chinesischen Riesenreich sammelte, wenn er die *kleinen Länder* glücklich preist. Denn je größer und unübersehbarer ein Reich, desto un=lenksamer und gefährdeter. Je weitläufiger seine Regierung, desto mehr Bestechlichkeit und Ungerechtigkeit. Große Staaten gleichen den Sauriern, deren Übergröße sie lebensuntauglich und kleineren, wendigeren Wesen unterlegen machte.

Was von Ländern gilt, gilt auch vom *Menschen:* Je einfacher und beschlossener, desto friedlicher und glücklicher.

Wenn der Große Alte das ‚gute Alte' und das Einfache lobt, so nicht mit der Wehmut des Nicht=mehr=Mitkommenden, son=dern mit der Weisheit des aus dem Weh der Wandelwelt Er=wachten. Nicht Rückkehr zum Neandertaler fordert er, sondern weise Beschränkung auf das Einfache und Förderliche, das die Sinnerfüllung des Lebens erleichtert.

Denn: je mehr Zivilisation, desto weniger Kultur. Je mehr Bedürfnisse, desto leerer und bedürftiger der Mensch. Je mehr Maschinen und Geräte, desto ungeratener und maschinenhafter der Mensch. Je mehr Fahrzeuge, desto zerfahrener und gefähr=deter der Mensch. Je mehr äußerer Besitz, desto besessener und friedloser der Mensch. Je mehr Wissen und Kenntnisse, desto weniger Erkenntnis und Weisheit . . .

. . . Weil ‚Bildung' die vielen zu Halbbildung, Einbildung und Scheinbildung verführt, rät Lao=Tse zur „Rückkehr zum Gebrauch geknoteter Schnüre". Er meint damit die in Altchina wie in Altperu am Beginn aller Schrift und Wissensvermittlung stehende Knotenschrift.

Damals war die Kunst des Schrift=Knüpfens nur wenigen bekannt. Heute kann fast jeder lesen und schreiben, und die Flut unnötigen Geschreibsels ist zur Sintflut geworden. Mit dem Wortemachen schwand die Ehrfurcht vor dem Wort, weshalb heute nur wenige fähig sind, das *innere Wort* zu vernehmen, das Gehalt hat und Halt gibt.

Die Vielen, die gierend nach außen schweifen, gehen in die Irre. Sie suchen — und finden nicht. Denn *alles ist innen.* Nur wer in sich zu sich selbst gefunden hat, erlangt Frieden und Zu=friedenheit, Weisheit und Wirklichkeit, Freiheit und Fülle.

Je mehr Augenschein und Sinnengebundenheit, desto sinn=ärmer und sinnloser wird das Leben. Je weiter die Reisen, desto zerrissener und rastloser wird der Mensch, desto leichter wach=

sen Neid und Unzufriedenheit – und desto schwerer wird das Glücklichsein . . .

Der Mensch, der nur dem Augenblick lebt, den das Fernweh treibt, die Reisesucht, die Flucht vor sich selbst, ist dem inneren Frieden fern und darum friedlos, unbewußt der inneren Beschlossenheit und darum unentschlossen, ungewiß seines göttlichen Hochziels und darum ziellos, losgelöst vom inneren Halt und darum haltlos. Daß es ihn drängt, alles zu versuchen und zu besuchen, erweist ihn als Süchtigen und unweise *Suchenden.* Der Weise hingegen hat *gefunden,* ist sich selber genug, bleibt daheim und für sich selbst.

Er weiß, daß man, „ohne aus dem Hause zu gehen, die ganze Welt erkennen kann", ohne Flug- und Fahrzeug Welt-Erfahrung gewinnen und ohne Raumschiff am kosmischen Leben und Bewußtsein teilhaben kann.

## 81. WESEN DES WEISEN

Wahres Wort ist nicht schön /
schönes Wort ist nicht wahr.
Wer Tao hat / streitet nicht.
Wer streitet / hat Tao nicht.
Wer Weisheit hat / sucht kein Wissen.
Wer Wissen sucht / hat keine Weisheit.

Der Weise häuft keine Habe / und hat doch.
Je mehr er anderen gibt / desto mehr fließt ihm zu.
Je größer sein Opfer / desto größer sein Selbst=Besitz.

Das ist des Himmels Wesen: fördern ohne zu fordern.
Das ist des Weisen Wesen: wirken ohne zu werken.

Im letzten Spruch faßt Lao=Tse das Wesentliche zusammen, wenn er das Wesen des Weisen, des Tao=Erfüllten, als den Quellgrund der Fülle offenbart. Zugleich legt er damit Rechenschaft ab über sein eigenes Wollen, dessen Rechtschaffenheit sein Werk enthüllt.

Blinde und Verblendete suchen durch *schöne Worte* zu blenden und verleiten zu Ansichten. Seher und Einsichtige leiten zum Licht und zur Sicht der Wahrheit. Wer schöne Worte macht, den Leuten nach dem Munde redet, ihrer Ichhaftigkeit schmeichelt, um sie zu überreden, ist nicht rechtschaffen. Der Redliche überzeugt durch Tun und Sein und redet wenig. Der Vielredner ist nicht redlich; sein Gerede ist Einrede oder Ausrede und führt zu Trug und Schein.

Von den Wissensgeschwollenen gilt Gleiches: ihr Wissen ist Wesensferne und unwesentlich. Weisheit ist wesensnah und wesenhaft.

Der Weise ist nicht gelehrt. Der Gelehrte ist nicht weise. Seine Kenntnisse gehen in die Breite und führen zur Vielheit. Des Weisen Erkenntnis hingegen weist in die Tiefe und leitet zur Einheit.

Besser als *Viel*wisser sein ist: *Ziel*wisser und Zielweiser sein, ein Führer zum Wesen.

So handelt der Weise. Und weil er, was er hat, nicht hält und behält, sondern freudig weitergibt, ist sein Reichtum unausschöpfbar wie das Meer. Wahrer Reichtum ist, was man andern willig darreicht. Was man für andere nutzbar macht, besitzt man doppelt. Und „je größer das Opfer, desto größer der Selbst-Besitz":

Was der Weise hingibt, ist das Ich und das Mein. Je gefügiger das Ich zurücktritt, desto machtvoller tritt das Selbst – das All-selbst – fügend und führend hervor. Dem Allselbst-Geeinten wird alles geschenkt.

Während die Unweisen werken und schaffen, sorgen und sammeln, gieren und verlieren, ist des Weisen Wirken, weil ohne Absicht, ohne Mühe.Sein Wesen ist Tao. Wer Tao hat, weiß. Wer weiß, wirkt streitlos und mühelos.

Mit diesem Hinweis beginnt und beschließt Lao-Tse seine Weisung zum Wesentlichen:

Wer vom Wesen nicht weiß, geht den Weg der Verwesung.

Wer das Wesen als das Wahre und Währende erkennt, berührt in seinem Seelengrund das Wesen des Weltengrundes und findet, im Einswerden mit ihm, zur Vollendung und Fülle.